Qualitative Sozialforschung

Herausgegeben von
R. Bohnsack, Berlin, Deutschland
U. Flick, Berlin, Deutschland
Chr. Lüders, München, Deutschland
J. Reichertz, Essen, Deutschland

Die Reihe Qualitative Sozialforschung
Praktiken – Methodologien – Anwendungsfelder

In den letzten Jahren hat vor allem bei jüngeren Sozialforscherinnen und Sozialforschern das Interesse an der Arbeit mit qualitativen Methoden einen erstaunlichen Zuwachs erfahren. Zugleich sind die Methoden und Verfahrensweisen erheblich ausdifferenziert worden, so dass allgemein gehaltene Orientierungstexte kaum mehr in der Lage sind, über die unterschiedlichen Bereiche qualitativer Sozialforschung gleichermaßen fundiert zu informieren. Notwendig sind deshalb Einführungen von kompetenten, d. h. forschungspraktisch erfahrenen und zugleich methodologisch reflektierten Autorinnen und Autoren.

Mit der Reihe soll Sozialforscherinnen und Sozialforschern die Möglichkeit eröffnet werden, sich auf der Grundlage handlicher und überschaubarer Texte gezielt das für ihre eigene Forschungspraxis relevante Erfahrungs- und Hintergrundwissen über Verfahren, Probleme und Anwendungsfelder qualitativer Sozialforschung anzueignen.

Zwar werden auch grundlagentheoretische, methodologische und historische Hintergründe diskutiert und z. T. in eigenständigen Texten behandelt, im Vordergrund steht jedoch die Forschungspraxis mit ihren konkreten Arbeitsschritten im Bereich der Datenerhebung, der Auswertung, Interpretation und der Darstellung der Ergebnisse.

Herausgegeben von
Univ.-Prof. Dr. Ralf Bohnsack,
Freie Universität Berlin, Deutschland

Prof. Dr. phil. Uwe Flick,
Alice-Salomon-Hochschule Berlin,
Deutschland

Dr. Christian Lüders,
Deutsches Jugendinstitut,
München, Deutschland

Prof. Dr. Jo Reichertz,
Universität Duisburg-Essen,
Essen, Deutschland

René Tuma · Bernt Schnettler
Hubert Knoblauch

Videographie

Einführung in die interpretative
Videoanalyse sozialer Situationen

René Tuma
TU Berlin, Deutschland

Hubert Knoblauch
TU Berlin, Deutschland

Bernt Schnettler
Universität Bayreuth, Deutschland

ISBN 978-3-531-18731-0   ISBN 978-3-531-18732-7 (eBook)
DOI 10.1007/978-3-531-18732-7

Die Deutsche Nationalbibliothek verzeichnet diese Publikation in der Deutschen Nationalbibliografie; detaillierte bibliografische Daten sind im Internet über http://dnb.d-nb.de abrufbar.

Springer VS
© Springer Fachmedien Wiesbaden 2013
Das Werk einschließlich aller seiner Teile ist urheberrechtlich geschützt. Jede Verwertung, die nicht ausdrücklich vom Urheberrechtsgesetz zugelassen ist, bedarf der vorherigen Zustimmung des Verlags. Das gilt insbesondere für Vervielfältigungen, Bearbeitungen, Übersetzungen, Mikroverfilmungen und die Einspeicherung und Verarbeitung in elektronischen Systemen.

Die Wiedergabe von Gebrauchsnamen, Handelsnamen, Warenbezeichnungen usw. in diesem Werk berechtigt auch ohne besondere Kennzeichnung nicht zu der Annahme, dass solche Namen im Sinne der Warenzeichen- und Markenschutz-Gesetzgebung als frei zu betrachten wären und daher von jedermann benutzt werden dürften.

Gedruckt auf säurefreiem und chlorfrei gebleichtem Papier

Springer VS ist eine Marke von Springer DE. Springer DE ist Teil der Fachverlagsgruppe Springer Science+Business Media.
www.springer-vs.de

Inhaltsverzeichnis

1 Einleitung:
  Videoanalysen in der interpretativen Sozialforschung..................... 7
2 Entwicklung und Geschichte visueller Analysen....................... 19
3 Methodologische Grundlagen: Besonderheiten
  und Typen audiovisueller Daten 31
4 Überblick über methodische Ansätze und Felder
  der Videoanalyse 43
5 Videographie 61
6 Videointeraktionsanalyse 85
7 Formen der Ergebnispräsentation 105
8 Erträge und theoretische Anschlüsse 113

Literatur.. 125
Sachregister.. 135
Personenregister.. 139

Die Zusatzmaterialien sind unter www.springer.com auf der Produktseite dieses Buches verfügbar.

Abbildungen

Abb. 1:	›Natürliche‹ und ›künstliche‹ Videodaten	36
Abb. 2:	Dimensionen der Datensorten von Videodaten	37
Abb. 3:	Zwei Formen von Videoforschung	47
Abb. 4:	›Konventionelle‹ und ›fokussierte‹ Ethnographie	64
Abb. 5:	Kamerapositionierung zur Erfassung der Raumtotale	74
Abb. 6:	Kamerapositionierung zur Erfassung der Verkaufsinteraktion	75
Abb. 7:	Aufnahmen aus zwei Kameraperspektiven	76
Abb. 8:	Der Forschungsprozess	78
Abb. 9:	Auftakt eines Verkaufsgesprächs auf dem Straßenmarkt	88
Abb. 10:	Verkaufsinteraktion Segment 1	96
Abb. 11:	Verkaufsinteraktion Segment 2	97
Abb. 12:	Verkaufsinteraktion Segment 3	98
Abb. 13:	Verkaufsinteraktion Segment 4	98
Abb. 14:	Verkaufsinteraktion Segment 5	99
Abb. 15:	Visuelle Transkription der Annäherung	100
Abb. 16:	Erweitertes Transkript	102
Abb. 17:	Beispiel für eine Partitur	102
Abb. 18:	Skizze aus einer Videosequenz	108
Abb. 19:	Ebenen der Gattungsanalyse	116

Info- und Beispielboxen

Infobox: Kontextanalyse	22
Forschungsbeispiel Physikunterricht	45
Forschungsbeispiel U-Bahn-Leitstellen	46
Infobox: Sequenz und Sequenzialität	59
Infobox: Forschungsethik	67
Beispiel eines Anschreiben zur Forschungseinwilligung	69
Infobox: Kameraposition & Ton	73
Infobox: Archivierung, Datenaufbereitung und Transkription	80
Wie lang sollten die Sequenzausschnitte für die Feinanalyse sein?	86
Infobox: Datensitzungen	87
Auszug aus einer Feinanalyse-Datensitzung	96
Infobox: Visuelle Transkription	101
Infobox: Vorträge und Präsentationen	112
Powerpoint als kommunikative Gattung	117

1 Einleitung: Videoanalysen in der interpretativen Sozialforschung[1]

Das einführende Kapitel bildet die Klammer des gesamten Buches. Dessen Aufbau und Gliederung sowie die enthaltenen einzelnen Unterthemen werden kurz vorgestellt. Videographie verstehen wir als eine besondere Handlungsform. Auf die einzelnen Elemente der zugehörigen Forschungshandlungen wird dabei Schritt für Schritt eingegangen. Dieser Abschnitt enthält Verweise auf die folgenden Unterkapitel, in denen wir die zu den einzelnen Handlungselementen gehörenden Details ausführen. Im folgenden Kapitel wird die Vorgeschichte der Methode referiert. Die methodischen Grundlagen der Videointeraktionsanalyse vertiefen wir im dritten Kapitel. In den Kapiteln fünf bis sieben legen wir das konkrete Forschungsvorgehen an Beispielen dar. Die Gliederung erfolgt über einen zentralen Merksatz. Nach der Lektüre dieses einführenden Kapitels sollen die Leser wissen, wie und zu welchem Ende wir Videographie betreiben und welche Aspekte zu ihrem Vorgehen gehören.

Aufgabe der Soziologie ist es bereits nach Weber, *soziales Handeln* seinem Sinn nach zu verstehen und zu erklären (1972: 86ff.). Sein Zeitgenosse Simmel stellt die *Wechselwirkungen* in den Mittelpunkt seiner Soziologie (Simmel 1908). Heute benutzen wir dafür den gängigeren Terminus *Interaktion*, der häufig mit dem Begriff der Kommunikation als grundlegendem Prozess des Sozialen verbunden wird (Mead 1910). Rund hundert Jahre später blicken die Soziologie und die Sozialwissenschaften zurück auf eine blühende Entwicklung dieser handlungs-, interaktions- bzw. kommunikationstheoretischen Grundlegung der Disziplin.

Nicht allein deren theoretische Konstrukte sind so ausgefeilt worden, dass wir Handeln, Interaktion und Kommunikation im Begriff des kommunika-

---

[1] Einzelne Kapitel haben wir in Seminaren in Berlin, Bayreuth, Luzern, Madrid und Zürich eingesetzt. Unseren Studierenden danken wir für kritische Anregungen. Besonderer Dank gebührt Dirk vom Lehn, Marlen Rabl, Bernd Rebstein, Manuel Stetter, Theresa Vollmer und René Wilke für Hinweise, Kritik und Anregungen. Christoph Nagel und Martin Krusche danken wir für die Erarbeitung der Grafiken. Wir stützen uns hier in Teilen auf vorangehende Publikationen zum Thema, denen einzelnen Passagen dieses Buches entlehnt sind: Knoblauch (2000, 2004, 2005, 2006, 2011b), Knoblauch et al. (2006, 2008), Knoblauch & Schnettler (2007, 2012), Knoblauch & Tuma (2011), Schnettler & Baer (2009), Schnettler & Knoblauch (2009).

tiven Handelns verknüpfen können.² Auch die entsprechenden empirischen Forschungsmethoden haben entscheidende Fortschritte erlebt. Sie ermöglichen empirische Aussagen über kommunikative Handlungen. Die in diesem Band behandelte Videographie stellt ein interpretatives Verfahren zur Analyse kommunikativer Handlungen dar – und zwar so, wie sie in ihrem »natürlichen« Kontext vorkommen. Ausgehend von den oben erwähnten Theorieansätzen Webers und Simmels sowie daran anschließenden soziologischen Konzepten soll eine Methode vorgestellt werden, die Videotechnologie nutzt, um Handeln und Interagieren soziologisch zu untersuchen.

Das betrifft auf einer sehr elementaren Ebene die Betrachtung der zu untersuchenden Gegenstände, für die kommunikatives Handeln konstitutiv ist. Wer über die Methoden der Erforschung dieses Handelns nachdenkt, muss jedoch beachten, dass auch jene eine Form des kommunikativen Handelns darstellen: Methoden können diesem Verständnis nach als besondere *Handlungs*weisen begriffen werden. Diese sind stets eng verknüpft mit den verfügbaren Sachtechniken: So wurden in den 1930er-Jahren komplizierte statistische Verfahren entwickelt, die große Aggregate individualisierter Daten nutzten. Diese Verfahren prägten die Gestalt der Soziologie nachhaltig und beflügelten bestimmte Theorien. Einige Dekaden später beschleunigten das Aufkommen leistungsfähiger Computer und die Etablierung von Rechenzentren diesen Prozess und verhalfen der quantitativen empirischen Sozialforschung zu großem Erfolg.

In ähnlicher, wenngleich weitaus wenig spektakulärer Weise prägte die Erfindung und Popularisierung von Tonbandgeräten die Methodenentwicklung des Fachs. Akustische Aufzeichnungsinstrumente übten nachhaltigen Einfluss auf die Soziologie aus. Denn mit Ihnen wurden Gespräche einer genauen Transkription und Analyse zugänglich, was Sprachsoziologen faszinierende und bis dato unerreichte Analysemöglichkeiten an die Hand gab. Vor allem die Gestalt eines Genres zeitigte eine sehr nachhaltige Wirkung: Interviews erleben bis heute einen Boom, der die Sozialforschung gravierend veränderte. Freilich ist die Interviewforschung nicht kritiklos geblieben, etwa mit Blick auf ihre situative Künstlichkeit und ihren Mangel, Antworten zu erzeugen, die so sonst womöglich niemals gegeben worden wären (Silverman 2005). Tonbandgeräte beflügelten allerdings ebenso eine Richtung, die uns hier besonders interessiert: Die

---

2 Auch wenn wir aus theoretischen Gründen den Gegenstand der Videointeraktionsanalyse durchgehend als kommunikatives Handeln bezeichnen sollten, haben wir es der leichteren Verständlichkeit wegen vorgezogen, verschiedene Begriffe zu verwenden. Zum Konzept des kommunikativen Handelns vgl. Knoblauch (1995, 2012).

Einleitung

ethnomethodologische Konversationsanalyse. Sie richtet ihren Blick nicht allein auf die Inhalte, sondern auch auf die Formen der sprachlichen Interaktion. Sie bietet Soziologen, die an der Rekonstruktion der Arten und Weisen des Aufbaus sozialer Ordnung interessiert sind, aufregend neue Analysezugänge zu einer bis dato verborgen gebliebenen Dimension sozialer Wirklichkeit – eine Neuerung, die mit der Einführung des Mikroskops verglichen wird (Goguen 1997, Heath 1986: 4, Büscher 2005).

Im Vergleich zu textförmigen und akustischen Daten spielen visuelle Daten in der Soziologie bislang eher eine Nebenrolle. Verschiedene vorangehende Versuche, eine visuelle Soziologie zu etablieren, waren bislang wenig erfolgreich. Die neuerlich stärker diskutierte sozialwissenschaftliche Bildanalyse ist eine vergleichsweise junge, erst mit dem *Iconic Turn*[3] aufkommende Strömung. Mit der Entwicklung des Camcorders ab Beginn der 1980er-Jahre rücken Bewegtbilder nutzende Verfahren verstärkt in den Mittelpunkt soziologischen Interesses. Im zweiten Kapitel dieses Bandes behandeln wir die Entwicklung der verschiedenen visuellen Verfahren ausführlich.

Die Ausgangsfrage dieses Einführungskapitels lautet: Was sind die Methoden, die es der Soziologie ermöglichen, soziales Handeln und daran anschließend Interaktion, Kommunikation oder auch Praxis zu verstehen und ausgehend davon zu erklären? Das ist ein sehr klarer und ebenso eigenwilliger Fokus für die Videoanalyse. Wir wollen nicht verschweigen, dass auch andere Forschungsgegenstände mithilfe von Videotechnologie analysiert werden. Forschungen mit Video werden derweil auch in anderen Feldern und Disziplinen durchgeführt. Dazu zählen etwa die Forschungen zur Videoüberwachung. Auch Trainer im Leistungssport oder Hüter der öffentlichen Ordnung fokussieren in ihren jeweiligen beruflichen Praxisfeldern auf die interpretative Analyse sozialen Handelns. Tuma hat diese Form bodenständiger Methoden als *vernacular video analysis* bezeichnet (Tuma 2012a). Methoden selbst sind immer spezifische, bestimmten Regelmäßigkeiten unterliegende Formen des Handelns. Verfahren beruhen auf solchen Regelmäßigkeiten des Handelns. Damit von einer Methode im weitesten Sinne des Wortes die Rede sein kann, treten zusätzlich bestimmte Gerätschaften hinzu. Entlang eines so verstandenen Technikbegriffes (Rammert 2005) könnte man Methoden als einigermaßen

---

3 Boehm (1994) beschreibt mit dem *Iconic Turn* die »Wende zum Bild«. Er diagnostiziert, dass Bilder allgegenwärtig in der Gegenwartskultur und als Forschungsgegenstand in der akademischen Debatte lange marginalisiert wurden (ebd., S. 11–17). Auch andere Autoren wie Mitchell, der den *Pictorial Turn* ausruft (1997), tragen zu dieser durchaus heterogenen Strömung bei, die ihren Ausdruck in den Bildwissenschaften findet.

Videographie

regelmäßige und nachvollziehbare Verknüpfung von Handlungen und Gerätschaften verstehen. Sie sind Formen des Handelns, in denen Akteure mit einem Expertenwissen bestimmte Technologien, Wissensbestände und Ressourcen heranziehen, um Daten zu erzeugen. Auch wenn diese Daten »Gegenstand« der wissenschaftlichen Analyse sind, bleibt zu bedenken, dass sie selbst in Handlungen entstehen, wobei sich die Art der Daten oder »Datensorten« durch die Weisen unterscheiden, mit denen sie von den Forschenden selbst erzeugt wurden (Knoblauch 2003).

Dieses Buch stellt also eine Einführung in eine recht spezifische Methode dar: Wir nennen sie Videographie. Mit dem Begriff der Videographie bezeichnen wir die Verbindung von Videoanalyse und Ethnographie, also die interpretative Analyse von Videodaten kommunikativer Handlungen, die im Rahmen eines ethnographischen Erhebungsprozesses aufgezeichnet werden.[4] Es gibt eine Reihe weiterer Verfahren, die Videodaten nutzen, um Aussagen über die soziale Wirklichkeit zu treffen. (Eine genaue Einordnung und Unterscheidung wird im dritten Kapitel dieses Bandes vorgenommen.) Als Leitfaden dient hier weniger eine abstrakte methodologische Herleitung, sondern eher die Frage, wie die Forschenden selbst in ihrer Forschungspraxis handeln, wie sie die Daten erzeugen und welche Fragen sie hiermit beantworten können.

Um genauer zu klären, was den Kern der videographischen Methode bildet, soll die typische Handlungsform erläutert werden, die hierbei vollzogen wird. Möglichst einfach formuliert könnte eine Beschreibung folgendermaßen lauten:

Forschende gehen ›ins Feld‹ und fokussieren die Videokamera auf alltägliche Situationen, in denen Akteure handeln, und analysieren, wie sie es tun.

Dieser Satz dient als Leitfaden. Denn an ihm kann gut nachvollzogen werden, was die Besonderheiten der Methode sind und wie sie sich von anderen Verfahren der Sozialforschung unterscheiden. Zunächst steht geschrieben:

Forschende gehen ›ins Feld‹

Mit soziologischen Methoden vertraute Leser erkennen sofort die Nähe zur Ethnographie. ›Ins-Feld-gehen‹ beinhaltet, dass die Forschenden sich selber aufmachen und sich physisch an einen anderen Ort begeben, an dem sich das abspielt, was beobachtet werden soll. Dies wird teilnehmend beobachtet und diese Beobachtungen werden in Feldnotizen und -tagebüchern

---

4 Dieser Begriff findet sich in Knoblauch (2006) definiert und sollte nicht mit den losen Verwendungen des Begriffes bei Dinkelaker & Herrle (2009b) oder Corsten et al. (2010) verwechselt werden. Zur Diskussion siehe auch Knoblauch (2011a).

Einleitung

festgehalten. Außerdem werden Artefakte begutachtet, Raumstrukturen kartographiert und die dort Angetroffenen über ihr Wissen, ihre Vorstellungen und ihre Eindrücke befragt. Soziologinnen fahren üblicherweise zwar nicht wie Malinowski auf die Trobriand Inseln. Jedoch untersuchen sie verschiedenste Felder – seien sie scheinbar so einsichtig wie das Leben an der Straßenecke (Whyte 1996), so abgeschirmt wie die Rotlichtmilieus in Wien (Girtler 1994) oder so eigenwillig wie die (Lebens-)Welt der Heimwerker (Honer 1993) oder der Spielhalle (Reichertz et al. 2010).

Als Ethnographen bringen sich die Forschenden selbst ein, machen im Feld Erfahrungen, reden mit den Menschen, betrachten die ›materielle Kultur‹ und die Objekte und beobachten, was vor sich geht – sammeln also Wissen. Subjektivität ist ein wichtiger Teil dieser Forschung. Um keine einseitige (ethnozentrische) Perspektive zu produzieren, muss exakt dokumentiert werden, wie die dafür ausgebildeten Sozialwissenschaftler mit den Begegnungen und Erfahrungen im Feld umgehen. Zugleich verschafft die Auseinandersetzung mit dem Feld und die Bereitschaft dazu, sich ihm auszusetzen, eine Vielzahl von Eindrücken aus erster Hand, die durch keine andere Art der Forschung zu gewinnen sind. Lektüre und Internetrecherche ist das Gegenteil davon. Dort treffen wir immer nur vermittelt auf Erfahrungen anderer. Das kann zweifellos von großem Wert sein. Sich selbst aufzumachen, sich der Chance und Gefahr anzusetzen, sich ›den Hosenboden in echter Forschung schmutzig zu machen‹, ist jedoch etwas vollkommen anderes.[5]

Was sind aber nun die Felder? Wo finden wir sie? In der ›spätmodernen‹ Gesellschaft müssen Forschende davon ausgehen, dass die Gesellschaft sich ausdifferenziert hat, sodass es Alltagshandelnden ebenso wie Forschenden unmöglich ist, alle Teilbereiche gleichermaßen zu erfassen. Zahlreiche Sonderwissensbereiche haben sich herausgebildet. Sie gehen einher mit je spezifischen Wissensbeständen, kommunikativen Formen, Regeln, Räumlichkeiten etc. Begibt sich der Forscher in Kontakt mit solch einem Teilbereich der Gesellschaft, kann durchaus davon gesprochen werden, dass er *ins Feld* geht. Hierbei sollte man nicht in naiver Weise die spezifischen subjektiven Erfahrungen, die im Prozess des Forschens gemacht werden, vernachlässigen oder als ›Fehler‹ betrachten. Vielmehr können diese in reflektierter Art und Weise als Interpretationsressourcen dienen.

---

5 In den Worten von Robert Park: »Geht und setzt euch in die Empfangshallen der Luxushotels und die Treppen der Pennen; setzt euch auf die Sofas der Reichen und die Shake-Downs [etwa: Umschlagplätze] der Elendsviertel; setzt euch in die Konzerthäuser und die Varietétheater. Kurz und gut, liebe Leute, geht los und macht euch eure Finger mit echter Forschung dreckig« (zit. n. Lindner 1990: 118).

Videographie

Betont werden soll damit, dass sich in das Feld zu begeben ein unverzichtbarer Teil der Videographie ist. Damit ist gemeint, dass wir leiblich in das Feld eintreten und es dadurch ›multisensorisch‹, also mit allen Sinnen erfahren. Die oder der Forschende sieht, hört, riecht und spürt das Feld. Diese Erfahrungen sind Teil des Wissens, das wir für die Analyse verwenden. Sie werden ergänzt von dem kulturellen Wissen über die Felder und deren Kontexte, das wir mit den Handelnden ohnehin teilen und das wir in der Interpretation explizieren. Jedoch ist dieses Wissen nicht mit den erzeugten Daten gleichzusetzen. Die Daten werden mit diesem Wissen durch eine besondere Form der Aufzeichnung erzeugt, die bestimmte Dimensionen des Erlebens konserviert – vor allem die visuelle und akustische Dimension. Im fünften Kapitel des Buches werden einige bereits videographisch untersuchte Felder erläutert. Zuvor ist es jedoch sinnvoll, die wichtigsten Grundlagen zu klären, die mit der zugrundeliegenden Theorie und der verwendeten Technologie zusammenhängen:

Forschende gehen ›ins Feld‹ und fokussieren die Kamera

Mit der Kamera zeichnen die Forschenden nicht die Totalität der Situationen im Feld auf, sondern fokussieren auf bestimmte Dimensionen. Bereits die Entscheidung, wann die Erkundung abgeschlossen ist und eine Kamera ausgepackt wird, stellt eine Selektion dar – genauso wie deren Fokus und die Aufnahmedauer. Auch der klassische Beobachter im Feld transformiert Erfahrungen in textliche Notizen. Der Videograph nutzt die Kamera als Aufzeichnungsmedium. Das Video produziert audiovisuelle Daten, die Bewegungen in der Zeit auf einen materiellen Träger fixieren – sei es ein Band oder ein Speicherchip.

Videos ermöglichen die Anfertigung überaus reichhaltiger und detaillierter Aufnahmen sozialer Prozesse. Sie stellen der Sozialforschung eine neue Datensorte zur Verfügung. Wesentliche Vorzüge der Videoanalyse sind durchaus der Technologie zu verdanken. Die Videokamera enthält gleichsam eine eingebaute Epistemologie, indem sie Ausschnitte dessen aufzeichnet, was man sehen und hören kann. Solche Aufzeichnungen bilden das Material der Videoanalyse. Der Videorecorder oder -player stellen den zweiten technischen Träger der Videographie dar, denn er erlaubt es den teilnehmenden Beobachtern, eine »Konserve« des Aufgezeichneten aus dem Feld hinaus in einen Forschungskontext zu transportieren.

Nicht nur die Fähigkeit der »mimetischen« Abbildung des Geschehens, sondern auch die sehr feine – und vor allem *sequenzielle* – Aufzeichnung der Interaktionen ist eine Besonderheit des Videos. Genauer als der teilnehmende Beobachter, der selbst immer unter Handlungsdruck steht, können Gesten, Blicke und Mimik erfasst und für spätere Analysen konserviert

Einleitung

werden. Das Video hält also die feinen und gleichzeitig sehr komplexen Vorgänge in Zeit und Raum fest, die soziale Interaktion konstituieren.

Bevor es um die Auswertung und Verwendung von solchen Videodaten geht, muss die Frage gestellt werden, welche Gegenstände und Fragen der videographierende Forscher behandelt. Videoaufzeichnungen eignen sich besonders zur Fokussierung auf Interaktionen. Forschende im Feld richten die Kamera auf Bewegungen, auf Gesichtsausdrücke, auf Gesten, auf sprechende Münder und Mimik produzierende Gesichter, auf Berührungen und Objekte, mit denen die Beobachteten handeln. Das Filmen ist also selbst eine »Kamerahandlung« (Reichertz & Englert 2010), bei dem der Forschende eine Fokussierung und eine Selektion vornimmt. Es basiert auf Relevanzen und blendet zugleich vieles aus. Das stellt kein unlösbares Problem dar, darf aber in der Auswertung der Daten nicht übersehen werden. Im vierten Kapitel werden die Besonderheiten von Videodaten in ihren verschiedenen Vorkommensweisen erklärt.

Forschende gehen ›ins Feld‹ und fokussieren die Videokamera **auf natürliche Situationen**

Gegenstand der Videographie sind soziale Situationen. Soziale Situationen sind raumzeitliche Ereignisse, an denen Akteure beteiligt sind. Videographie unterscheidet sich von anderen Varianten der Videoanalyse dadurch, dass sie »natürliche« Situationen in den Blick nimmt. Mit natürlich ist gemeint, dass diese Interaktionen alltägliche Situationen bestimmter Akteure darstellen, welche nicht gezielt und spezifisch für die Forschung hergestellt werden. Ziel der Videographie ist es nicht, in Laborsituationen bestimmte Muster und Reaktionen auf Reize zu dokumentieren, sondern in den bereits besprochenen Feldern Handlungen und Interaktionen einzufangen, welche auch stattfinden würden, wenn der Forschende nicht anwesend wäre. Das muss freilich eingeschränkt werden, weil die Gegenwart von Forschenden Situationen verändern kann. Alleine die regungslose Anwesenheit des Forschenden und der mehr oder weniger auffälligen Kamera kann dazu führen, dass die beobachteten Akteure darauf reagieren. Dieses Phänomen wird als Reaktanz bezeichnet und üblicherweise als methodisches Problem gekennzeichnet (vgl. auch Hammersley 2003, Speer & Hutchby 2003a, 2003b). Lomax und Casey (1998) haben aufgezeigt, wie traditionell versucht wurde, die Reaktanz herunter- oder heraufzuspielen. Sie plädieren für einen reflektierten Umgang, der den Forschenden und seine Kamera als Akteure im Feld mit in die Analyse einbezieht. Dieser Sicht schließen wir uns an. Die Forschungspraxis zeigt, dass Menschen, die in den Feldern tätig sind und miteinander interagieren, die Kamera sehr bald nicht mehr beachten. Und wenn sie es doch tun, indem sie Blicke auf die Kamera werfen, Unwohlsein

Videographie

zeigen oder sich dem Fokus entziehen, so ist auch das eine empirische Beobachtung, die dem Videographen etwas über das Feld und den Alltag dort lehren kann. Meistens ist Reaktanz jedoch ein recht gut zu bewältigenden Problem. In den wenigsten Fällen stellt es ein unüberwindbares prinzipielles Hindernis dar. Dennoch kann der Videoaufzeichnung eine gewisse Künstlichkeit schon deshalb nicht abgesprochen werden, weil die Linse etwas anderes registriert, als das Auge sehen kann. Diese ›Künstlichkeit‹ der Videoaufzeichnung drückt sich auch in der Selektivität aus. Fixierte Kamerahandlung fokussiert auf die Interaktion, egal was die miteinander Handelnden treiben. Üblicherweise sind sie gegenwärtig und kommunizieren miteinander. Diese Interaktionen zeichnen wir auf und richten dabei einen klaren Fokus auf die mit der Kamera beobachteten Situationen. Dieser ist durch das Feld und die darin aktiven Handelnden strukturiert. Wir aber selektieren durch unser Kamerahandeln eine bestimmte Perspektive.

Im fünften Kapitel erläutern wir die verschiedenen Kameraeinstellungen und Arten der Fokussierung genauer. Geleitet wird dies von der Prämisse, das in den Blick nehmen zu wollen, was die Akteure tun, was zwischen ihnen geschieht und was sie in den Blick nehmen. Insofern sollte das, was die Interagierenden leitet, ebenso die Richtschnur für das bilden, was die Kamera des Forschenden orientiert, sofern dieser sich für alltägliche Interaktionen interessiert.

Forschende gehen ›ins Feld‹ und fokussieren die Videokamera auf alltägliche Situationen, **in denen Akteure handeln**

Wir gehen also davon aus, dass soziale Wirklichkeit in alltäglichem Handeln geschaffen wird. Welchen Bereich auch immer videographisch forschende Soziologen betrachten – sei es die alltägliche Arbeit von U-Bahn Fahrern (Heath & Luff 1996), das Gespräch zwischen Psychiater und Klient (Scheflen 1965) oder zwischen Arzt und Patient (Heath 1986), die alltäglichen Interaktionen im Schulunterricht (Wagner-Willi 2006), die Arbeit von Archäologen (Goodwin 1994a), Klatsch (Bergmann 1987) oder Powerpoint-Präsentationen (Schnettler & Knoblauch 2007) – immer beobachten wir hierbei Akteure, die miteinander interagieren. In manchen Fällen gerät Technologie besonders in den Blick (Heath & Luff 2000, Rammert & Schubert 2006), in anderen geht es vor allem um sprachliche Interaktion. Dennoch liegt das Interesse immer auf dem *WIE* des Handelns – auf den Arten und Weisen, auf Form und Performanz.

Diese Prämissen übernimmt die Videographie und die an sie anschließende Videointeraktionsanalyse. Letztere stellt das Verfahren zur Auswertung der Videodaten dar. Diese Prämissen beruhen auf der Soziologie des Alltags, die Alfred Schütz, Peter Berger und Thomas Luckmann entwickelt haben, auf

Einleitung

die wir unten eingehen. Für die interpretative Analyse der Interaktion mit Video ist vor allem die von Harold Garfinkel begründete Ethnomethodologie bedeutsam (Garfinkel 1967). Deren Ziel ist es, die Methoden zu rekonstruieren, mittels derer die Akteure im Alltag sich diesen selbst verständlich machen (vom Lehn 2012). Anschließend an die Ethnomethodologie haben die Begründer der Konversationsanalyse, allen voran Harvey Sacks, Gail Jefferson und Emmanuel Schegloff, ein elaboriertes empirisches Verfahren entwickelt (Sacks et al. 1973, Sacks 1992 [1964ff]). Es ermöglicht, diese Prozesse in Gesprächen zu zeigen und deren fundamentale Mechanismen zu verstehen – wie etwa die Abfolge von Sprecherwechseln (*turn taking*) oder die Organisation von Redezügen in aufeinanderfolgenden Paaren (*adjacency pairs*).

Ziel der Analyse ist also das sequenziell aufeinander bezogene Handeln der Akteure, das die gemeinsam erarbeitete Wirklichkeit beständig in Situationen hervorbringt, also *situativ* und zugleich *interaktiv* erzeugt. Die Videointeraktionsanalyse weitet diesen Anspruch nun aus, indem sie sich nicht auf gesprochene Äußerungen beschränkt, sondern auch visuell erfassbare kommunikative ›Modalitäten‹ einbezieht, diese sogar in den Vordergrund rückt.

Würde man an dieser Stelle innehalten, stellte sich unweigerlich die Frage, welche Rolle eigentlich der Kontext spielt? Nicht jede Äußerung und jede sich herausbildende Interaktionsform sind allein durch ihre sequenzielle Struktur versteh- und erklärbar. Denn soziale Ordnung wird nicht allein situativ erzeugt. Vielmehr spielen auch die Situation überdauernde Merkmale eine bedeutsame Rolle. Diese Aspekte bezeichnen wir als *situiert*. Neben den Personen, die offenkundig über die Dauer der Situation hinaus existieren, ist Wissen die zweite zentrale übersituative Größe, die in der Situation wesentlichen Einfluss entfaltet. Personen und Wissen bilden Bindeglieder über Situationen hinweg. In Goffmans (2005) Worten: Die Glückungsbedingungen der Situation liegen außerhalb dieser.

Um diese situierten Faktoren mit in die Analyse einzubeziehen, ist Recherche und ethnographisches Feldwissen unerlässlich. Videographie beginnt nicht mit der Aufzeichnung und sie endet auch nicht mit ihr. Sie ist eingebettet in mehr oder weniger ausgedehnte Feldarbeit, was mit dem Ausdruck ›Videographie‹ als umfassendes Rahmenkonzept der interpretativen Videoanalyse betont werden soll. Videographie ist eine Methode, die eng verwandt ist mit der sozialkonstruktivistischen Theorie innerhalb der Soziologie (Berger & Luckmann 1969). Sie kann aber durchaus auch mit anderen theoretischen Konzepten verbunden werden, wie bestimmten Varianten der Diskursanalyse und den Praxistheorien, insofern das Handeln der Akteure ernst genommen wird und ihre Handlungszüge rekonstruiert werden. Akteure wissen, was sie tun, wenn sie es tun, und zeigen sich das auch gegenseitig an. Das Wissen, das Akteure über die Situationen haben, tritt mitunter sogar

Videographie

theorieförmig auf. Diese Alltagstheorien bezeichnet Schütz (2004[1953]) als ›Konstruktionen erster Ordnung‹, denen er die sozialwissenschaftlichen Kategorien als ›Konstruktionen zweiter Ordnung‹ an die Seite stellte.

Zunächst ist es erforderlich, in der Feldarbeit diese Konstruktionen erster Ordnung kennen zu lernen und zu verstehen – obwohl diese jedoch häufig widersprüchlich und nicht systematisiert sind und auch meistens wissenschaftlichen Anforderungen nicht genügen. Warum auch? – kommt es doch darauf an, wie sie ausgeführt werden. Nicht logische Konsistenz und Widerspruchsfreiheit, sondern allein ihr pragmatischer Nutzen ist von Belang. Das betrifft auch ihre Beherrschung, die sich allein an ihrer Anwendung, weniger an deren Explikation orientiert. Deshalb bildet gerade das alltägliche Handeln Muster, die den Akteuren häufig zwar als *tacit knowledge* verfügbar sind und die ihr Handeln anleiten, zu denen sie aber keine systematische Beschreibung abliefern können müssen. Etwas zu wissen, heißt nicht zwangsläufig: es auch verbal äußern zu können – auch Stumme können höchst erfolgreiche Fischer sein. Wissenschaft hingegen kommt ohne Verbalisierungen nicht aus. Selbst wenn in Frage steht, welche Rolle die visuellen Darstellungen in der Wissenschaft spielen und ob sie an die Stelle der sprachlich verfassten Texte treten werden: Wissenschaftliche Analysen, die in der Terminologie von Schütz als *Konstruktionen zweiten Grades* bezeichnet werden, unterliegen sehr viel strengeren Kriterien als die Alltagskonstruktionen. Logische Konsistenz zählt ebenso dazu wie alle weiteren üblichen Anforderungen an wissenschaftliche Kategorien. Vor dem Hintergrund einer Vorstellung der prinzipiellen Interpretativität aller sozialen Wirklichkeit legt Schütz allerdings besonderen Wert auf ein zusätzliches und viel zu oft vernachlässigtes Kriterium: das der Adäquanz. Selbst wenn es nicht immer sinnvoll sein mag, sozialwissenschaftliche Begriffe nach den Alltagsbegriffen zu bilden: Unsere Konstruktionen sollten doch zumindest in der einen oder anderen Weise auf dem Sinn der Handlungen gründen, die wir untersuchen. Dieses Postulat hat Schütz selbst freilich sehr viel exakter als »Postulat der subjektiven Adäquanz« formuliert (Schütz 2004[1953]).

Der Ort der handlungsentlasteten Reflexion darüber, was im Feld zugeht, ist in der Videographie die Datensitzung. Denn hier ist es den Forschenden möglich, Feldwissen und Aufzeichnungen zusammenzuführen. Die Möglichkeiten der Videotechnologie, die vor allem die Zeit manipulierbar machen, erlauben, die kleinen Augenblicke, in denen Akteure ganz routiniert handeln, immer wieder zu betrachten und im Detail zu analysieren. Dieser Prozess bildet den Kern der Videoanalyse:

Forschende gehen ›ins Feld‹ und fokussieren die Videokamera auf alltägliche Situationen, in denen Akteure handeln, **und analysieren, wie sie es tun.**

Einleitung

Bevor die genaue Auswertung von statten gehen kann, müssen die Daten zugänglich gemacht werden. Voraussetzung hierzu ist es zunächst, relevante Ausschnitte im Videomaterial zu identifizieren, die einer Feinanalyse unterzogen werden können. Dazu dienen Ablaufprotokolle und Logbücher der aufgezeichneten Videodaten, die einen Überblick über alle aufgezeichneten Aktivitäten erleichtern sollen. Die Erstellung solcher Logbücher können wir als (Grob-)Kodierung bezeichnen. Geht damit zugleich eine Selektion forschungsrelevanter Teilsequenzen einher, findet innerhalb des videographischen Datenkorpus ein Sampling statt. Näheres zu diesem Schritt erläutern wir im ersten Teil des sechsten Kapitels. Anschließend werden die ausgewählten Segmente des Videos transkribiert, um allen Teilnehmern der Datensitzungen einen gemeinsamen Fokus und eine Verortung in Raum und Zeit zu ermöglichen. Worauf bei der Transkription von Videodaten zu achten ist, zeigen wir im zweiten Teil von Kapitel sechs.

Neben den individuellen Analysen sind Datensitzungen von ganz unverzichtbarer Bedeutung für den Prozess, in dem das Videomaterial analysiert und interpretiert wird. Interpretation ist immer ein Verstehensprozess. Die Forschenden betrachten den Videoausschnitt und bemühen sich zu verstehen, *was* dort vor sich geht und *wie* es vor sich geht. Aus sichtbaren Pixeln werden Formen gebildet, die typisiert und als Repräsentationen bestimmter Gegenstände oder Lebewesen eingeordnet werden. Die Teilnehmenden entziffern eine Raumstruktur in den bewegten Bildern, erkennen bestimmte Aktivitäten oder eine spezifische Sequenz. Mitunter kann dieser Prozess als ganz einfach erscheinen. Manchmal kann es kompliziert werden zu verstehen, was vor sich geht. Das hängt freilich nicht allein von der Qualität der Aufnahmen ab. Vor allem bedarf es einer Kenntnis über das, was das Video zeigt. Je spezieller das Feld und die darin stattfindenden Interaktionen, desto mehr müssen wir darüber wissen. Erst aus unseren Erfahrungen im Feld – oder über das Zusammenspiel aus Erläuterungen, Gesten, Betonungen durch unsere Kollegen, die das Video hergestellt haben, können wir erkennen, um was es eigentlich geht. Dieser Prozess ist nicht einfach nur ein »mentaler« sondern durchaus selbst eine raumzeitliche spezifische soziale Interaktionsform (Tuma 2012), die wir auch als »basale Hermeneutik« bezeichnen können.

Videos sind uns aus dem Alltag und der Anwendung in verschiedensten Feldern bekannt. Was unterscheidet nun deren naive Betrachtung von einer systematischen Analyse? In der Analyse verbinden die Forschenden das Verstehen mit einer systematischen Auswertung der auf dem Video sichtbaren Interaktionen. Die Videotechnologie macht es den Betrachtern möglich, die zeitliche und räumliche Struktur des Ereignisses sehr genau zu rekonstruieren – welche Aussage geht mit welcher Geste einher, ist Reaktion auf welche andere Äußerung und bereitet wiederum den nächsten Zug vor? Welche Zusammenhänge, bzw. Handlungssequenzen im Handeln der Aufgezeichneten lassen sich identifizieren und wie hängt das mit der Forschungsfrage zusammen, die sich die Betrachter des Videos stellen?

Der Analyseprozess zieht zwei besondere Eigenschaften zur Hilfe: Erstens die Fähigkeiten der Videotechnologie, die uns die wiederholte Betrachtung noch so kleiner Handlungssequenzen ermöglicht. Zudem gestattet sie rasches Spulen und Zeitlupen, also eine zeitliche Veränderung der Ablaufgeschwindigkeit, die erst die Aufdeckung der komplexen ›Orchestrierung‹ (Schnettler 2006) verschiedener am Interaktionsgeschehen beteiligter Modalitäten möglich macht. Die Vereinigung all dieser einst voneinander getrennten Funktionen in digitalen Geräten und die breite Verfügbarkeit der Software vereinfacht nicht nur den Umgang mit dem Material, sondern bieten auch den Rahmen für die Beobachtung.

Zweitens schließt die Auswertung des Videos den Rückgriff auf die bereits erwähnte, durch die Akteure vergebene sinnhafte Strukturierung des Handelns mit ein. Sie rekonstruiert die Art und Weise der kommunikativen Konstruktionen, mittels derer die Handelnden eine bestimmte Wirklichkeit interaktiv erzeugen. Diese ist immer eine zeitlich, also *sequenziell* produzierte. Die Sequenzanalyse bildet daher das Rückgrat der Videoanalyse. Wir führen die Sequenzanalyse in Kapitel 6 aus. Vor der Lektüre des Buches sollten wir die Warnung aussprechen, dass die Analyse wenn irgend möglich mit Personen eingeübt werden sollte, die eigene Erfahrungen mit der Videographie gemacht haben.

Übungsfragen

→ Welche **Rolle** nimmt der oder die Forschende in der Ethnographie ein?

→ **Worauf richten** videographisch Forschende **die Kamera** typischerweise?

→ Welche Arten von **Forschungsfragen** können mit der Videographie bearbeitet werden?

→ Was bezeichnen die Begriffe **Videographie** und **Videointeraktionsanalyse**?

2 Entwicklung und Geschichte visueller Analysen

Dieses Kapitel beschäftigt sich mit den Vorläufern der Videoanalyse. Es reflektiert dabei auch den Einfluss technischer Innovationen und deren Rückwirkung auf die Ausbildung der Videographie.

Im ersten Kapitel haben wir einen Überblick über das Verfahren der Videoanalyse gegeben. Hier treten wir nun einen Schritt zurück und verorten die Videographie in einer Tradition der visuellen Analysen. Obgleich es sich bei der sozialwissenschaftlichen Analyse audiovisueller Daten um eine relativ junge Methode handelt, kann sie sich auf eine erstaunlich lange Reihe von Vorläufern stützen. Dazu zählen zweifellos der ethnographische Film und die sozialwissenschaftlichen Foto- und Filmanalysen, wie sie in den letzten Jahren in der Anthropologie, den Visual Studies und der visuellen Soziologie entwickelt wurden. Allerdings können wir hier keine unilineare Geschichte rekonstruieren, sondern eher verschiedene Entwicklungslinien, die in der Videographie münden. Wir möchten einige der relevantesten Linien nachzeichnen, in denen visuelle Aufzeichnungen zur Analyse kommunikativer Handlungen verwendet wurden. Eine umfassendere historische Darstellung der Nutzung von filmischem Material findet sich in dem Buch von Ramón Reichert »Kino der Humanwissenschaften« (2007).

Vorläufer visueller Analysen

Bevor wir uns mit der Bedeutung von Videos beschäftigen, müssen wir deren Vorgänger – Filme und Bilder – kurz in den Blick nehmen. So wurden beispielsweise Fotografien bereits kurz nach ihrer Erfindung in den späten 1830er-Jahren für die Analyse von Gesichtsausdrücken eingesetzt. Einige Dekaden später nutzte Charles Darwin in seinem Buch über *Die Gemütsbewegungen bei Menschen und Tieren* (2000[1872]) Fotos, um den Ausdruck von Gefühlen bei Menschen und Tieren miteinander zu vergleichen. Etwa um dieselbe Zeit entwickelte Eadweard Muybridge in den 1870er-Jahren mithilfe einer speziellen Aufnahmetechnik durch Aneinanderreihung von Einzelbildern die ersten filmähnlichen Sequenzen. Zweifellos stand folglich die Entwicklung des Films seit seiner Anfangsphase in direktem Bezug zu verhaltenswissenschaftlichen Studien. Dies

Videographie

kommt vor allem in Muybridges berühmten Analysen der Bewegungsabläufe von Tieren und Menschen zum Ausdruck. Dabei gelang es ihm, die bis dahin ungeklärt gebliebene Frage zu beantworten, ob Pferde während des Galopps einen Huf am Boden halten oder tatsächlich in einem bestimmten Augenblick alle vier Hufe abheben. Seine Aufnahmen bewiesen, dass Pferde tatsächlich einen Moment lang ›fliegen‹. In den 1880er-Jahren wandte sich Muybridge menschlichen Verhaltensabläufen zu, was wiederum in der Ethnologie aufgenommen wurde. Regnault drehte 1890 den ersten ethnographischen Film und vor allem Haddon propagierte die Verwendung des Films in der Ethnographie (siehe unten S. 24).

Die frühe Anerkennung von Bildern wird deutlich, wenn man bedenkt, dass zwischen 1896 und 1916 insgesamt 31 Artikel im *American Journal of Sociology* veröffentlicht wurden, in denen visuelles Material zu finden ist. Jedoch ebbte schon kurz danach das Interesse in der Soziologie am Einbezug visueller Materialien in die Forschung deutlich ab und beschränkte sich auf einige wenige Ausnahmen. Dies ist vermutlich dem damals wachsenden Einfluss statistischer Methoden geschuldet, in dessen Folge Fotografien abrupt von Tabellen, Formeln und Graphen ersetzt wurden, die nun als die einzig angemessenen wissenschaftlichen Illustrationen Geltung errangen (Stasz 1979). Es ist deshalb wenig verwunderlich, dass es in den folgenden Jahren vor allem Initiativen von außerhalb der Wissenschaft waren, die entscheidende Impulse für die Entwicklung einer erst spät wieder aufkeimenden ›visuellen Soziologie‹ lieferten.

Zu den wenigen Nutzern visuellen Materials zählt Henry Ford, der – aufbauend auf den Prinzipien des wissenschaftlichen Managements von Frederick W. Taylor – Filmaufnahmen einsetzte, um die Organisation der betrieblichen Arbeit zu studieren und die Teilung der Arbeit zwischen Mensch und Maschine effizienter zu gestalten (Bryan 2003). In Deutschland untersuchte Kurt Lewin um 1923 die ersten Filmsequenzen menschlichen Konfliktverhaltens. Sein Schüler Gsell veröffentlichte 1935 das Buch *Filmanalyse als Methode der Erforschung des Verhaltens* (Thiel 2003).

Proxemik, Kontextanalyse und Kinesik

Eine besondere Bedeutung für die Videoanalyse spielt die genaue Beobachtung menschlichen Handelns anhand von visuellen Daten. Die Verhaltensbeobachtung hat vor allem in der Ethologie[6] und der sozialpsy-

---

6   Für Einsteiger mögen die verschiedenen Disziplinen ein wenig verwirrend sein. Ethologie (Verhaltensbiologie) ist zu unterscheiden von Ethnologie (Völkerkun-

Geschichte Visueller Analysen

chologischen Forschung eine starke Verankerung. Entsprechend werden zum Studium von emotionalem Ausdruckverhalten und zur Interaktionsanalyse schon sehr früh visuelle, filmische und audiovisuelle Techniken eingesetzt. Ein eindrückliches Beispiel ist der von Edward T. Hall (1990/1962) in den 1950er-Jahren entwickelte Ansatz zur proxemischen Analyse, der sich mit der Rolle der Nutzung von Räumen und des spatialen Verhaltens in der Interaktion beschäftigt und diese für den interkulturellen Vergleich einsetzt. Die Proxemik beruht auf Alltagsbeobachtungen sozialer Formen räumlichen Verhaltens, ihre Entdeckung geht aber auf die sorgfältige Analyse einer Filmsequenz zurück. Nach zahlreichen Wiederholungen einer Aufzeichnung konnte Hall dabei den Grund für die Störung der Interaktion zwischen einer amerikanischen Touristin und einer Indiofrau auf einem Markt in den Anden entdecken: Es handelte sich um eine Überschreitung kulturell unterschiedlicher körperlicher Zonen. Solche Zonen, meinte Hall, schichten sich gewissermaßen in einer Abfolge von intimer, sozialer und öffentlicher Distanz um das Individuum auf und sind kulturell je unterschiedlich zugerichtet. Diese »stumme Sprache des Raumes« kann dann insbesondere in der interkulturellen Interaktion zu nachhaltigen Störungen und Missverständnissen führen, weil sie sich als eingelebte Selbstverständlichkeit der Kontrolle der Handelnden oft entzieht.

So anregend die proxemischen Analysen sind, so sehr sind sie mit einer wenig produktiven Separierung einer einzelnen kommunikativen Modalität verbunden – der des Raumverhaltens. Die Proxemik sensibilisiert für eine oft vernachlässigte Dimension, steht aber in der Gefahr, diese aus ihrem Zusammenhang zu reißen und überzubetonen.

Diese Zergliederung wird in einem anderen Ansatz überwunden. Eine der sozialwissenschaftlich bedeutsamsten Richtungen nennt sich bezeichnenderweise ›Kontextanalyse‹, die von Argyle auch als ›strukturelle Analyse‹ bezeichnet wird. Sie wird heute u. a. von Adam Kendon vertreten, der Ray Birdwhistell, Albert Scheflen (der den Begriff 1963 prägte) und Erving Goffman als deren Begründer nennt. Genau genommen gingen Einflüsse aus der interpersonellen Psychiatrie, der Anthropologie, der Informationstheorie und der strukturellen Linguistik in diesen Ansatz ein. Die Kontextanalyse betrachtet Kommunikation in der Interaktion als einen fortwährenden Multikanal-Prozess und versucht die strukturellen Merkmale des in der Interaktion ablaufenden Kommunikationssystems zu beschreiben.

---

de) und beide wiederum nicht zu verwechseln mit Ethnographie (Methode der Feldforschung) und der Ethnomethodologie (eine spezifische Forschungsrichtung der Soziologie).

Videographie

Historisch sehr bedeutsam für die Entwicklung audiovisueller Analysen war die sogenannte Palo Alto-Gruppe, die sich aus Psychiatern (Frieda Fromm-Reichmann), Anthropologen (Gregory Bateson), Kybernetikern und Linguisten zusammensetzte. Sie zeichneten Interaktionen in Familien mit schizophrenen Kindern auf und untersuchten sie hinsichtlich der Frage: Was unterscheidet Interaktionen hier von denen in anderen Familien. Die Art der Analyse folgt einem ähnlichen Muster wie die, die Margaret Mead mit ihren kulturvergleichenden Filmen vorgenommen hat. Es wird also auf kleinste Unterschiede in der Behandlungsweise geachtet, auf die sogenannten ›micropatterns‹. Berühmt wurde die Gruppe auch für die Analyse eines Filmausschnittes (»Doris-Film«) aus verschiedenen disziplinären Blickwinkeln. Obwohl diese Analysen bedauerlicherweise nie veröffentlicht wurden, zeigte sich ihr Einfluss doch in den Arbeiten von Birdwhistell (1970) sowie von Pittenger, Hockett und Danehy (1960). Man bezeichnete diesen Ansatz auch als ›natural history approach‹, weil es sich um detaillierte Beschreibungen von Beobachtungen der Abläufe bei Interaktionen handelt. Es war vor allem Bateson, der das visuelle Element einführte, denn er hatte schon zuvor mit Filmen über Interaktionen gearbeitet. Von Bateson stammen die folgenden methodologischen Empfehlungen (vgl. Birdwhistell 1970: 183):

> **Infobox: Kontextanalyse**
>
> 1. Wie bei allen anderen Naturereignissen muss auch das körperliche Verhalten als etwas angesehen werden, das in seinem Kontext Sinn ergibt.
> 2. Wie alle anderen Aspekte menschlichen Verhaltens sind auch Körperhaltung, Bewegung und Gesichtsausdruck strukturiert und deshalb Gegenstand systematischer Analyse.
> 3. Auch wenn man biologische Beschränkungen einräumt, sollte man bis zum Beweis des Gegenteils die menschlichen Körperbewegungen als soziale Phänomene betrachten.
> 4. Sichtbare körperliche Bewegungen beeinflussen ebenso wie sprachliche das Verhalten anderer Gesellschaftsmitglieder.
> 5. Bis zum Beweis des Gegenteils sollte davon ausgegangen werden, dass diese Bewegungen eine erforschbare kommunikative Funktion haben.
> 6. Die damit verbundenen Bedeutungen hängen mit dem Verhalten und mit den untersuchten »operations« zusammen.
> 7. Die besondere biologische Situation und die individuellen Lebenserfahrungen des Individuums führen zu kinetischen Idiosynkrasien, doch können diese nur festgestellt werden, wenn man längere Datenausschnitte zur Verfügung hat.

Auf dieser Grundlage interessierte sich Birdwhistell selbst von Beginn an für Körperbewegungen und »entwickelte eine Forschungsstrategie, um vor allem jene universellen Gefühlszeichen herauszudestillieren, die für die Gattung Mensch spezifisch sein sollten […] Als die Forschungsarbeiten vorangingen, wurde noch vor der Entwicklung der Kinesik deutlich, dass diese Suche nach Universalien kulturgebunden sei […] es gibt wahrscheinliche keine universellen Symbole für emotionale Befindlichkeiten« (nach Ekman 1982: 17). Er ging also von der Annahme aus, dass das Verhalten von Gesicht und Körper eine Sprache sei, die die gleichen Bestandteile und Organisationsebenen wie die gesprochene Sprache aufweise und daher am angemessensten mit Hilfe linguistischer Methoden zu untersuchen sei. Kommunikation ist für ihn – im Sinne der Strukturalisten – ein strukturelles System signifikanter Symbole aller Sinnesmodalitäten, die eine geordnete menschliche Interaktion ermöglichen (Birdwhistell 1970: 95). Im Unterschied zum linguistischen Wissen können wir das kinetische indessen schlechter lehren und lernen.

Birdwhistell ist deswegen von Interesse, weil er schon in den Fünfzigern mit sehr teuren Filmaufnahmen arbeitete und hunderttausende Meter Film analysierte. Dabei ist zu beachten, dass damals Zeitlupe gerade erst möglich geworden und Rückwärtsspulen offenbar geradezu unmöglich war. Filmlabors waren noch sehr selten. Deshalb konnte er zu den Schwierigkeiten im Umgang mit diesem Datenmaterial noch bemerken: »Das schnelle Vorüberrauschen der Mengen von Daten und die Ausrichtung und Fokussierung der Aufnahme machen es sehr schwer den Ton, Film oder das Band zu analysieren«[7] (1970: 152). Methodisch warnt er vor der vorgängigen Festlegung von Deutungen, die auf »ähnliches Training und daher auch der gleichen Reaktion« zurückgehe. Es sei, so betont er, nicht nötig, die beobachtete äußere Umgebung zu messen (1970: 153).

Kinesik konzipiert er analog zur Linguistik als ein geordnetes System isolierbarer Elemente. Birdwhistell neigte dabei zu natürlichen Kontexten – und gibt zu bedenken, man könne ja das soziale Verhalten der Fische auch nicht studieren, wenn man sie aus dem Wasser nimmt. Birdwhistell reduzierte die Bewegungen in einzelne Elemente, die sogenannten Kineme. Kineme sind die kleinsten, noch sinnhaft beschreibbaren Elemente. Von den vielen tausend Bewegungen des Gesichtes werden 32 Kineme gebildet. So wird etwa die Haltung der Augenlider als offen, weit aufgerissen, geschlossen und eng beschrieben. Kine(m) bezeichnet diejenige Einheit, die von einer Beobachterin aus der sozialen Gruppe der sich Bewegenden als eigene, von anderen unterschiedene Bewegung beobachtbar ist bzw. von verschiedenen als »dieselbe Bewegung«. Sie werden also durch Abstraktion und durch Kontrast gewonnen.

---

7 Die Übersetzung dieses und aller weiteren fremdsprachlichen Originalzitate stammen, soweit nicht anders ausgewiesen, von den Autoren.

Videographie

Kineme fasst er dann in Kinemorphe zusammen, die in kinemorphischen Klassen beschrieben werden. Kinemorph bezeichnet eine Reihe verschiedener Bewegungen im selben körperlichen Bereich (Kopf, Schulter, Oberleib, Unterleib, rechter/linker Arm, Beine). Im Bewegungsstrom werden sie als komplexe Kinemorphe erfasst und, zusammen mit anderen Bewegungsweisen, in vielschichtigen kinemorphischen Konstruktionen zusammengefasst. Dazu kommen noch kinemorphische Markierungen, wie etwa die kinetische Betonung (leichtes Nicken mit dem Kopf, Schulterzucken usw.).

Eine in der Psychologie sehr einflussreiche Version der Videoanalyse wurde von Ekman (1982) geprägt. Zusammen mit unterschiedlichen Mitarbeitern hat er seine Aufmerksamkeit auf die filmisch aufgezeichneten Bewegungen beim menschlichen und tierischen Ausdruck gerichtet. Vor allem sein System zur Erfassung mimischer Bewegungen des Gesichts und der Gesichtsmuskeln (»FACS«) wurde prägend für die Tendenz einer Standardisierung und Systematisierung von Beobachtungen anhand visueller Daten, die sich in der Psychologie, aber auch in anderen Disziplinen, durchgesetzt hat. Zugleich bilden Ekmans, noch mehr aber Birdwhistells und Halls Untersuchungen den Ausgangspunkt einer interdisziplinären Bewegung, die sich auf das Zusammenspiel verschiedener »Modalitäten« des menschlichen Ausdrucks richtet, also Gesten, Mimik, Prosodie, Körperhaltung usw.

Ethnologischer Film

Eine weitere Strömung, die vor allem für die Darstellung visuellen Materials relevant ist, bildet der ethnologische Film. In der auch teilweise »ethnographisch« genannten Filmtradition liegt das Hauptaugenmerk auf der Dokumentation von Verhaltensweisen und Ausdrucksformen fremder Kulturen. Häufig wurden diese Filme angefertigt, um diese anderen (westlichen) Beobachtern vor Augen zu führen oder sie vor dem Vergessen zu retten. Die Forschenden gingen also insbesondere in ihnen fremde Felder und nutzten die zunächst sehr aufwändig zu transportierende und bedienende Filmtechnik, um dort das Gesehene zu konservieren und mit nach Hause zu nehmen. Die Analyse spielt in dieser Disziplin eine untergeordnete Rolle, denn es gilt immer noch das Primat der Feldnotizen. Jedoch ist zu betonen, dass schon der Filmschnitt eine Form der Interpretation darstellt.

Der ethnographische Film ist vermutlich so alt wie der Film überhaupt. Sogar schon vor der ersten Projektion der Gebrüder Lumière[8] fertigte

---

8 Die Gebrüder Lumière führten am 28. Dezember 1895 im Grand Café auf dem Boulevard des Capucines in Paris mit ihrem Kinematographen der Öffentlich-

Geschichte Visueller Analysen

Félix-Louis Regnault 1895 in Paris auf der Ausstellung *Ethnographie de l'Afrique Occidentale* vier Filmsequenzen über eine senegalesische Wolof-Frau beim Töpfern an, die vermutlich jedoch nicht gezeigt wurden (vgl. Marks 1995). Besonders A. C. Haddon propagierte die Verwendung des Films in der Ethnographie. Der frühe ethnographische Film zeichnete sich durch den starken Einfluss der wissenschaftlichen Ethnographie Malinowskis aus. Dazu gehörte, dass die Beforschten selbst aufgesucht wurden. Dies gilt mustergültig für Robert Flaherty's *Nanook of the North* von 1922 – ein Film über die Inuit in Nordkanada. Flaherty verbrachte Monate bei den Eskimos, bevor er diesen Film drehte.[9] Wie von Malinowski gefordert, machte der Forscher sich mit der Sprache und der Kultur der Inuit vertraut und drehte mit ihnen zusammen die Szenen. Wie Malinowski ging auch der gesamte frühe ethnographische Film davon aus, dass menschliche Handlungen als Kombinationen von Bewegungen aufgezeichnet und gezeigt werden können. Überdies unterstellen die Filmausschnitte die Wirklichkeit der Inuit wiederzugeben (und wurden dafür kritisiert, dass sie theoretisch unterbelichtet wären).

Vor allem in der Zeit nach beiden Weltkriegen festigte sich der ethnographische Film. Durch die immer bessere Aufnahmetechnik, leichtere Geräte sowie verbesserte Ton- und Bildaufnahmetechnik bei geringerem Energieverbrauch nahm die Qualität der Aufnahmen stetig zu und ihre Anfertigung wurde immer einfacher. Mit der Ausbreitung des Fernsehens gewann er schließlich enorm an Breitenwirkung, wie etwa der Erfolg der BBC-Serie »Disappearing World« zeigt. Eine deutliche Veränderung nahm er schließlich mit dem Film »The Ax Fight« von Timothy Asch und Napoleon Chagnon. Der Film zeigt eine authentische kurze, gewalttätige Begebenheit bei den Yanomami im Amazonas, als in einem Dorf plötzlich ein blutiger Streit beginnt. Dieser Streit in einem Yanomami-Dorf zwischen einem Mann und einer Frau um eine Kochbanane führt zu tätlichen Angriffen mit Unterstützung durch Verwandte. Der Film dokumentiert den Ausbruch der Feindse-

---

keit einen selbst gedrehten Kurzfilm vor, der Arbeiter beim Verlassen ihrer Fabrik zeigt und als erster Film überhaupt gilt. Allerdings hatten die Brüder Skladanowsky schon vorher kleine Szenen von turnenden Menschen gedreht, die sie am 1. November 1895 im Berliner Varieté ›Wintergarten‹ präsentierten.

9 Flaherty schildert das Leben Nanooks und seiner Familie und beobachtete sie mit der Kamera bei alltäglichen Verrichtungen wie Jagd, Fischfang, Iglubau, Fellhandel, Kinderpflege, Betreuung der Schlittenhunde, beim Kampf gegen die Kälte und der Nahrungsbeschaffung, aber auch auf der gefährlichen und seltenen Walrossjagd. Flahertys Film war bereits in den 20er-Jahren international erfolgreich und revolutionierte durch seine einfühlsamen Aufnahmen den Dokumentarfilm.

ligkeiten, ihren Verlauf, das Auftreten konfligierender Gruppen, den Schlag mit der Axt, den Rückzug und die Beschimpfung, die den Abschluss der körperlichen Feindseligkeiten bildete. Asch filmte den Kampf aus einer gewissen Distanz, während Chagnon neben der Kamera stand. Beide unterhielten sich während der Szene über die Handlung, kommentierten das Geschehen und versuchten, ihm einen Sinn abzugewinnen. Die Kommentare von Asch und Chagnon sind Ad-hoc-Erklärungen, die eher alltäglich als wissenschaftlich ausfallen. Sie wurden im Original ohne Hinzufügung erhalten und der Film wurde nicht ediert. Damit folgten sie der konstruktivistischen Devise:»We do not discover order, we create it«.[10]

Eine über diese Entwicklung hinausgehende Fassung filmischer Reflexivität stellt der Film »Die weißen Geister« von Bob Connolly und Robin Anderson dar, der überhaupt keine Kamera nutzt, sondern die Kameraführung der Imperialisten einspannt und sie mit den Kommentaren der Kolonialisierten unterlegt.[11] Dies spiegelt einen Trend zur ›Reflexivität‹ der Feldforschung wider, der vor allem in der Ethnologie unter dem Begriff der ›Krise der Repräsentation‹ heftige erkenntnistheoretische und methodologische Debatten ausgelöst hat. Unter Reflexivität versteht Ruby (2000: 156), dass »die Hersteller ihrem Publikum ausdrücklich und absichtlich die epistemologischen Annahmen erläutern, die sie dazu führten, bestimmte Fragen zu stellen, bestimmte Antworten zu suchen und schließlich ihre Ergebnisse auf eine bestimmte Art darzustellen«.[12]

Werfen wir einen Blick in die Gegenwart der ethnologischen Forschung, so führt dieser Trend zur Reflexivität zuweilen sogar zu einer ausdrücklichen Ablehnung von Videodaten. Emmison und Smith (2000: 4) vertreten etwa die Meinung, dass man in der Soziologie überhaupt keine

---

10 Der Film wurde 1971 gedreht und 1975 veröffentlicht. Etwa 10 Minuten des halbstündigen Disputs wurden mit der Kamera aufgezeichnet. Der Film zeigt und analysiert den Streit in vier Abschnitten: 1. Ungeschnittene Fassung des Rohmaterials; 2. Kommentierung des Gesehenen durch die filmenden Ethnologen (auf Schwarzfilm); 3. Analyse des Streits durch die filmenden Ethnologen mit Hilfe von Diagrammen, Standbildern und Zeitlupe; 4. Geschnittene Fassung.

11 »Als die weißen Geister kamen« zeigt historische Aufnahmen der ersten Ankunft europäischer »Entdecker« in einem bislang unberührten Teil Papua-Neuguineas Anfang des 20. Jahrhunderts. Diese werden mit deren Kommentierung durch die Nachfahren 50 Jahre später in einem filmischen Dialog über verschiedene Perspektiven montiert, welche neben der okzidentalen auch die der Einheimischen in Wort und Bild fassen will.

12 Es sei darauf hingewiesen, dass der Begriff der Reflexivität hier eine andere Bedeutung hat, als das aus der Ethnomethodologie stammende Konzept, das wir in Kapitel 4 vorstellen.

Kameras benutzen sollte, wenn sie fordern: »Visuelle Daten sollten nicht als das, was die Kamera aufzeichnen kann, betrachtet werden, sondern als das, was man mit dem Auge beobachten kann. Fotos sind zwar manchmal hilfreich um die sichtbare Dimension des sozialen Lebens einzufangen. Normalerweise sind sie dazu aber nicht notwendig«. Stattdessen empfehlen sie verdeckte Beobachtungen (2000: 110). Andererseits hat die reflexive Methodologie auch zu »partizipativen« Konzepten geführt. So forderte etwa Holliday (2000) ihre »Untersuchungssubjekte« auf, die Videokamera selbst in die Hand zu nehmen und eigene »Videotagebücher« zu führen. Damit solle die Inszeniertheit des eigenen Alltags bloßgestellt und die Vorstellung einer »wirklichen« unveränderlichen Wirklichkeit überwunden werden. Ein ähnliches Konzept wurde von Michaels verfolgt, der bei seiner Untersuchung australischen Ureinwohnern selbst die Kamera in die Hand gab und sie damit zu Akteuren machte, um nicht seine »zentralisierte« Sicht aufzuoktroyieren (Michaels & Kelly 1984).

Die zweite Reaktion auf die Reflexivität ist die Rückbesinnung auf eine klassische Forderung der Ethnographie: Das Überdenken der eigenen Methoden als konstitutives und integrales Merkmal der Forschung selbst zu betrachten. Schon von klassischen Ethnographen wird erwartet, dass sie ihre eigene Feldrolle und ihre Lage gleichsam wissenssoziologisch reflektieren und die daraus folgende Perspektivität offen zu legen versuchen. Hier ergeben sich Anschlüsse an aktuelle Debatten in der Videographie, wie sie in diesem Buch behandelt wird, denn ähnliche Fragen haben auch wir zu stellen. Die Videographie baut auf ethnographischer Arbeit in der eigenen Gesellschaft auf (siehe Kapitel 5), und daher muss auch hier beständig die Feldrolle reflektiert werden.[13] Tatsächlich liegen schon entsprechende methodologische Arbeiten vor, die hier als Orientierung dienen können. Ein Beispiel dafür stellen etwa die Arbeiten von Elisabeth Mohn dar, die sich mit den Fragen der Selektion der Ausschnitte, der Kamerapositionen von Forschenden und schließlich auch der »Haltung« des ethnographischen Filmens beschäftigt hat (Mohn 2002). Ebenso nehmen diese methodologischen, epistemologischen und kulturkonstruktiven Rahmungsaspekte der visuellen Forschung in den Arbeiten von Raab eine prominente Stellung ein (Raab 2006). Bei Pink (2007) werden Videos im Rahmen einer breiter angelegten und sehr stark visuelle und audiovisuelle Daten berücksichtigenden postmodernen Feldforschung eingesetzt.

---

13 Die Aufforderung zur Reflexion der eigenen Rolle im Feld, wie sie in der Ethnographie gestellt wird (Ruby 2000), ist jedoch zu unterscheiden von dem spezifischen, aus der Ethnomethodologie stammenden Konzept der Reflexivität als generellem Merkmal jeder Interaktion (siehe dazu weiter unten Kap. 6).

Videographie

Video in der Soziologie

Bis in die 1970er-Jahre stützten sich Arbeiten weitgehend auf das Medium Film, das eine gewisse Schwerfälligkeit für die Analyse aufwies und keine nachhaltigen Spuren in der Soziologie hinterließ.[14] Mit der Entwicklung der Videotechnologie verbesserten sich die Voraussetzungen jedoch allmählich. Videoaufzeichnungen ermöglichen eine detaillierte Betrachtung von Interaktionsabläufen. Allerdings waren die ersten Geräte teuer, groß und unhandlich, weshalb die Aufnahmen häufig in besonderen Räumlichkeiten vorgenommen wurden. So untersuchte eine Forschergruppe um Luckmann Ende der 1970er-Jahre die Interaktionsabläufe von Interviews, die man in einem Medienraum mit vier Kameras aufgezeichnet hatte. Luckmann beschreibt diese frühen Vorläufer der heutigen Videointeraktionsanalyse folgendermaßen:

> *Wir haben eine eigene Untersuchung durchgeführt. Grundlage hierfür war die Aufnahme von vier kurzen, eigentlich nur einigen Minuten dauernden Episoden eines Gespräches. Wir haben uns entschlossen, trotz eines gewissen Realitätsverlustes die Leute (...) nicht in einer normalen natürlichen Interaktion, sondern mit fixierten Sitzen mit einer Kamera in der Totalen und einer Kamera, die jeweils aus dem Blickpunkt des einen den anderen erfasste und umgekehrt zu filmen. Weiterhin haben wir noch Zuseher und Zuhörer mit in die Situation geholt. Diese wurden dann jeweils nachträglich befragt. Im Anschluss haben wir das ganze Geschehen transkribiert.*
>
> *Es gab bei der Auswertung eine Reihe von Problemen (...) – vor Allem dabei, von den Detailbetrachtungen auf die nächsthöhere Ebene zu gelangen. Die phonetische Analyse, zum Beispiel, wurde maschinengestützt durchgeführt. Das war sehr einfach zu bewerkstelligen, denn wir konnten dadurch Frequenzen ermitteln. Aber damit funktionale Eindrücke des Hörens zu verbinden, ist uns nicht richtig gelungen. Ebenso wenig glückte es uns bei der Videoanalyse eine quasi objektivierende Verbindung (im Sinn von Ekman & Friesen) zwischen dem Sehen des einen und den Reaktionen des anderen zu finden. Immerhin haben wir verhältnismäßig viele Detail-Analysen, aber eben nicht integrierend. Das sind die Kosten des Wechsels auf das nächste Niveau.*[15]

In diesem Projekt wurde ein höchst differenziertes Transkriptionssystem entwickelt, das die verschiedensten Modalitäten der Kommunikation in Form einer Partitur wiedergibt (Luckmann & Gross 1977). Während die Ergebnisse dieser Analysen allgemein wenig rezipiert wurden, fand die Videoanalyse seit den 1980er-Jahren bei Vertretern der anthropologischen Linguistik und der Konversationsanalyse stärkeren Anklang. Dies mag

---

14 Soziologisch relevante Filmaufnahmen wurden allerdings im Rahmen des Dokumentarfilms erstellt, die jedoch noch einmal einen eigenen Bereich darstellen, siehe Blanc (2012) und Heinze (2012a, 2012b).
15 Thomas Luckmann im Interview zur Videoanalyse mit den Autoren.

Geschichte Visueller Analysen

paradox erscheinen, weil sich die Konversationsanalyse durch eine äußerst streng eingehaltene Beschränkung auf auditive Daten auszeichnete (Bergmann 1981). Zugleich erschien aber gerade diese Beschränkung den Blick für das Visuelle zu schärfen, das aus dieser Betrachtungsweise ausgeschlossen war. Dies gilt zum einen für Charles Goodwin, der sich zunächst auf das Zusammenspiel von sprachlichen und gestischen Handlungsmustern konzentrierte (1981, 1986); einen etwas breiteren Ansatz entwickelte Christian Heath, der umfassende soziale Interaktionssituationen mit Video analysierte, wie etwa die ärztliche Untersuchung von Patienten (Heath 1986). Auch Erickson und Shultz (1982) hatten die soziale Interaktionssituation des schulischen Bewerbungsinterviews untersucht. So beschreibt Erickson (2011) die mühsame Handhabung der Videokamera in einem Projekt, das dem von Luckmann sehr ähnelte, folgendermaßen:

> Ich habe im Herbst 1967 mein erstes Videoband in einer Studie über eine kleine Gruppendiskussion junger Besucher einer Mittelschule aufgenommen. Die verwendete Kamera wog 25 Pfund und war auf einem schweren fahrbaren Stativ montiert. Die Aufnahmen wurden auf Bandrollen aufgezeichnet, die ein Zoll dick waren und etwa 16 Zoll im Durchmesser maßen. Dieses Setup konnte nur in einem Studio verwendet werden, also brachte ich die Diskussionsgruppe dorthin, setzte sie vor die Kamera, schaltete die Zusatzbeleuchtung im Raum an und nahm mit der Weitwinkellinse die ganze Zeit lang auf. Ich hatte bereits zuvor solche Diskussionen nur mit Tonband aufgezeichnet, aber dagegen war ein einzelnes Videoband eine wunderbare Erleuchtung: Ich konnte sehen, an wen sich die Sprechenden wendeten, wenn sie sprachen – ob an eine bestimmte Einzelperson, an einen Teil der Gruppe oder an alle. Durch die audiovisuelle Aufnahme wurde eine multimodale und alle Parteien einbeziehende Analyse der in der lokalen Ordnung stattfindenden Interaktionsprozesse, der Bedeutungen und der Bedeutungsbildung möglich. 1970 wurde eine Kamera verfügbar, die nur noch vier Pfund wog. Ich verwendete sie in meiner nächsten Studie, bei der ich mich mit Interaktionen in Bewerbungsinterviews und akademischen Beratungsgesprächen beschäftigte (Erickson & Schultz 1982). Die Videokamera war auf einer akustisch isolierten Box installiert, die eine 16-mm Filmkamera enthielt, welche gleichzeitig auf Film aufnahm. Diese Box war auf einem Stativ montiert. Der Ton wurde mit einem etwa einen Meter langen Richtmikrophon aufgezeichnet, das auf einem anderen Stativ saß und auf die Sprechenden ausgerichtet war. So umständlich dieser Aufbau auch war, er konnte doch mit einem Auto ins Feld transportiert und in der Ecke des Büros aufgestellt werden, wo die Gespräche stattfanden. Das Videoaufzeichnungsgerät und der Monitor wurden im Raum nebenan aufgebaut und das ganze System ferngesteuert. Beide Kameras waren fest eingestellt, Schwenken oder Zoomen während der Aufzeichnung war unmöglich. Ebenso waren die Gesprächsführende räumlich fixiert, während sie miteinander interagierten. Sie saßen sich gegenüber am Besprechungstisch und sahen sich an.

Mit der technischen Entwicklung wurde auch die Videoaufzeichnung und -analyse allmählich erleichtert. Eine breitere Anerkennung fand die Videotechnologie durch ihren Einsatz in den (konversationsanalytisch ausgerich-

Videographie

teten) Workplace Studies, die das Zusammenspiel menschlicher Interaktion und technischer Artefakte zum Gegenstand videographischer Untersuchungen erhoben (Knoblauch & Heath 1999). In diesem Forschungszusammenhang machten Suchman und Trigg (1991), Jordan und Henderson (1995) sowie Heath (1997a) und Lacoste (1997) die ersten Vorschläge zur Methodologie der Videoanalyse. Auf die Workplace Studies und die ihr zugrundeliegende Methodologie gehen wir in Kapitel 5 ausführlicher ein, weil sie die Grundlage für unser Konzept der gegenwärtigen Videographie darstellt.

Übungsfragen

→ Skizzieren Sie die Forschungsziele der **Proxemik**, der **Kontextanalyse** und der **Kinesik**.

→ Welche Entwicklung hat der **ethnologische Film** durchgemacht?

→ Welche **Chancen** bietet Video für die Soziologie?

→ Welche **Probleme** wurden bereits früh bei der Verwendung von Video für die Sozialforschung identifiziert?

3 Methodologische Grundlagen: Besonderheiten und Typen audiovisueller Daten[16]

> Im folgenden Kapitel werden einige grundlegende, für die Videoanalyse besonders wichtige Eigenschaften von Videodaten erläutert. Diese unterscheiden sie von anderen Datensorten und eröffnen spezifische Analysemöglichkeiten. Sie stellen Forschende aber auch vor noch zu lösende methodische Probleme. Die verschiedenen Arten audiovisuellen Materials werden hinsichtlich ihrer Merkmale diskutiert und ihre einzelnen Dimensionen mit Bezug auf die Analysemethoden erläutert.

Audiovisuelle Daten sind von hervorragendem Wert für die Sozialforschung, denn wie kein anderes Aufzeichnungsmedium bieten sie Beobachtern und Interpreten eine unvergleichliche Fülle von Wahrnehmungsaspekten. Videoaufzeichnungen stellen deshalb für die Soziologie und andere Sozialwissenschaften eine besonders interessante Datensorte dar. Sie ermöglichen es, visuell erfassbare Vorgänge in mimetischer Form festzuhalten. Neben der Rolle von Sprache, Gestik, Mimik sowie Körperhaltung und -formationen wird mit Videoaufzeichnungen ebenso die Rolle von Accessoires, Bekleidung, Prosodie und Geräuschen sowie Setting und sozialer Ökologie für die Interaktionsanalyse greifbar. Diese Elemente können mit Video in ihrem jeweiligen Zusammenspiel (synchron) wie auch in ihrer zeitlichen Abfolge, also diachron, betrachtet werden.

Diese Vorzüge sind für die Erforschung der Interaktion in ihrem Kontext von hervorragendem Wert. Ihre Reichweite greift sogar darüber hinaus. So können Ausdrucksformen bestimmter Lebensstilensembles und kultureller Welten *innerhalb ihres natürlichen Kontextes* eingefangen werden. Video erlaubt dabei einen weitaus unverstellteren Blick in den Alltag, als dies mit anderen Instrumenten der Sozialforschung möglich ist, wie etwa Befragungen, Surveys oder Gruppendiskussionen. Videos gestatten die Anfertigung überaus reichhaltiger und detaillierter Aufnahmen sozialer Prozesse. Sie stellen der Sozialforschung eine neue Datensorte zur Verfügung. Aufgrund dieses Umstands wurde mitunter sogar eine regelrechte »Video-Revolution« (Secrist et al. 2002) für die qualitative empiri-

---

16 Teile dieses Kapitels basieren auf unseren vorangehenden Publikationen zum Thema. Vgl. insbesondere Knoblauch, Tuma & Schnettler (2010) sowie Knoblauch & Tuma (2011).

Videographie

sche Sozialforschung prognostiziert. Obwohl diese Annahme sicher ebenso einseitig wie übertrieben ist, könnten die Auswirkungen der Videokamera als Erhebungsinstrument, das im Sinne eines »Interaktionsmikroskops« eingesetzt wird, genauso weitreichend werden wie seinerzeit die Popularisierung des Audiorekorders, der seit den 1960er- und 1970er-Jahren mit der ethnomethodologischen Konversationsanalyse eine damals ganz neue Forschungsrichtung entscheidend beflügelt hat.

Wesentliche Vorzüge der Videoanalyse sind durchaus der technologischen Entwicklung zu verdanken. Die Videokamera enthält gleichsam eine ›eingebaute Epistemologie‹, indem sie Ausschnitte dessen aufzeichnet, was man sehen und hören kann. Solche Aufzeichnungen bilden das Material der Videoanalyse. Der Videoplayer erweitert diese Möglichkeiten, indem er es Beobachtern gestattet, das Gesehene so häufig anzuschauen und anzuhören, wie es analytisch erforderlich ist. Zudem erlaubt er rasches Spulen und Zeitlupen, also eine zeitliche Veränderung der Ablaufgeschwindigkeit, die erst die analytische Aufdeckung der komplexen Orchestrierung verschiedener am Interaktionsgeschehen beteiligter kommunikativer Modalitäten ermöglicht. Die Vereinigung all dieser einst voneinander getrennten Funktionen in digitalen Geräten und die breite Verfügbarkeit entsprechender Software vereinfacht nicht nur den Umgang mit dem Material. Sie erweitern auch den prinzipiellen Möglichkeitshorizont der Videoanalyse, erlauben sie es doch, Bilder und Bildabläufe leicht aus dem zeitlichen Zusammenhang zu lösen, indem sie als analoges »Videoband« (oder gar als Film) noch eingebettet waren.

Diese technischen Möglichkeiten bieten den Rahmen für die Beobachtung. Beobachtung darf man sich keineswegs als passiven Akt vorstellen, wie dies oft in der Wissenschaftstheorie geschieht. Vielmehr bezeichnet die Beobachtung aktive Handlungsformen der Forschenden und die hierbei verwendete Beobachtungstechnik ist ein wichtiger Bestandteil. Bevor wir weiter unten die Handlungsformen der Analyse im Einzelnen beschreiben, werden hier zunächst die bedeutsamsten methodologischen Aspekte der Videoanalyse hervorgehoben, die sie von anderen Methoden unterscheidet:

Videoaufzeichnungen sind zum einen Daten, die aufgrund von technisch *registrierender* Konservierung (vgl. Bergmann 1985) gewonnen werden. Sie unterscheiden sich damit von rekonstruktiven Daten, die in den Sozialwissenschaften erhoben werden. Mündliche Interviews oder schriftliche Fragebögen beziehen sich meistens auf etwas, das außerhalb der Situation liegt, in der die Erhebung stattfindet. Im Unterschied dazu richtet sich die Videobeobachtung auf die Situation der Erhebung selbst und zwar im Regelfall auch dann, wenn sie experimentell durchgeführt wird.[17] Au-

---

17 Zu den wenigen Untersuchungen in diesem Bereich, in denen technische An-

Methodologische Grundlagen

diovisuelle Aufzeichnungen lassen Aspekte des Forschungsfeldes analysierbar werden, die bei Einsatz herkömmlicher Datenerzeugungsweisen unzugänglich bleiben mussten. Auch im Unterschied zu anderen registrierenden Verfahren, wie etwa der klassischen Ethnographie, zeichnet sich die Videoanalyse durch Vorteile aus, die schon Grimshaw (1982: 122) hervorgehoben hat: »Die zwei wesentlichen Vorteile audiovisueller Daten bestehen in der Dichte und der Permanenz. Andere Datensorten können eines dieser Merkmale aufweisen, keine andere aber beide«.

Permanenz, also Dauerhaftigkeit, verweist auf zwei sehr unterschiedliche Vorzüge von Videoaufzeichnungen hinsichtlich ihrer Zeitlichkeit. Videoaufzeichnungen registrieren nämlich zeitlich ablaufende Handlungen und Interaktionen, sie sind also permanente Datenaufzeichnungstechniken. Aufgrund ihrer Permanenz erweisen sich Videoaufzeichnungen im Vergleich zur Beobachtung mit bloßem Auge als detaillierter, kompletter und akkurater. In den Aufzeichnungen wird diese Sequenzialität – der Ablaufcharakter – der aufgezeichneten sozialen Handlungen beibehalten. Diese können aufgrund der technischen Manipulationsfähigkeit (Slow Motion, Standbild, Rücklauf etc.) in sehr genauer Weise in ihrer diachronen Struktur analysiert werden. Dies wird unten in Kapitel 6 ausführlich diskutiert werden.

Permanenz verweist außerdem auf einen zweiten Aspekt, nämlich den *dauerhaften Zugang* zu diesen Daten. Videodaten sind technisch dauerhaft, weil sie eine wiederholte Reproduktion und damit eine Analyse der Beobachtungsdaten unabhängig von der Person erlauben, welche die Beobachtung durchgeführt hat. Dauerhaftigkeit als Datum hat entsprechende Folgen für die Validierung von Aussagen: Es kann – unter bestimmten ethischen und rechtlichen Voraussetzungen und die Kenntnis der Analysemethoden vorausgesetzt – jede Aussage über das Datenmaterial unmittelbar am Originaldatum validiert werden. In der Praxis bedeutet Permanenz hier, dass die Primärdaten mit Kolleginnen und Kollegen geteilt werden können. In videoanalytischen Veröffentlichungen finden sich aus diesem Grunde in der Regel auch wenigstens Standbilder aus den Videoaufzeichnungen, mit denen die Analyse immerhin in groben Zügen nachvollziehbar gemacht werden soll. Außerdem bieten Videoaufzeichnungen den Vorzug größerer Intersubjektivität. Zum einen, weil hier in weit geringerem Maße als bei rekonstruierenden Formen der Konservierung Interpretationsleistungen des Forschers bereits in die Daten mit eingehen. Zum anderen, weil sie in großer Detailliertheit eine spätere gemeinsame Analyse in der Forschergruppe ermöglichen. In diesem Sinne stellen Videodaten eine

---

lagen experimentell aufgebaut und dann videoanalytisch behandelt wurden vgl. Heath, Luff & Sellen (1997).

Videographie

außergewöhnlich valide, vermutlich sogar die valideste Datensorte dar, die der sozialwissenschaftlichen Forschung derzeit zur Verfügung steht.

Auch die *Dichte* der Daten weist eine besondere Qualität auf. Denn die Videoaufzeichnung gestattet eine sehr viel detailliertere Betrachtung als mit dem »bloßen Auge«: Zeitlupe ermöglicht eine sehr genaue Betrachtung von Verhaltensabfolgen, beschleunigtes Vor- und Zurückspulen kann längerfristige räumliche Ordnungen anschaulich machen, und das bei einigen Softwareprogrammen mögliche Zoomen schafft eine sozusagen mikroskopische Größenordnung des Blickes. Deswegen ist die Metapher von der Videoanalyse als *soziologischer Mikroskopie* keineswegs unangemessen. Dabei sollte nicht übersehen werden, dass diese Genauigkeit der visuellen Beobachtung mit einer auditiven Spur kombiniert ist. Denn es handelt sich bei Videoaufzeichnungen um audiovisuelle Daten, sodass zu den Vorzügen der visuellen auch die Vorzüge der akustischen Aufzeichnung hinzukommen. Das bedeutet, dass Verfahren, die bislang auf auditive Daten beschränkt waren, bei audiovisuellen Analysen weiterhin eingesetzt werden können.

All dies verdankt sich dem *mimetischen* Charakter der Videotechnik. Mimetisch sind Videos insofern, als dass wir den Aufzeichnungen zugestehen, etwas abzubilden, das tatsächlich stattgefunden hat: Das Hochzeitsvideo zeigt eine Feier, an der wir teilgenommen haben, das Urlaubsvideo dokumentiert unseren Aufenthalt in der Ferne. Die Aufzeichnungen geben nicht nur den zeitlichen Ablauf von Verhaltensweisen wieder, sie zeigen auch synchrone Gegebenheiten des Kontextes an, wie etwa die Kleidung, die nächsten Gegenstände, den Raum und die unmittelbar beteiligten Anderen.

Trotz ihres Realitätscharakters sind Videodaten allerdings keine schlichten Abbildungen der Wirklichkeit. Sie sind also nicht nur mimetisch, sondern müssen von den Beobachtern verstanden werden. Doch schon in ihrer Herstellung sind sie *konstruiert*. Konstruiert sind Videodaten, weil sie *Transformationen* lebensweltlicher Situationen darstellen. Das gilt freilich für alle anderen Daten auch und ist in dieser Hinsicht keine Eigenheit von Videodaten. Spezifisch ist aber die Art und Weise, in der soziale Situationen in Videodaten *transformiert* werden. So reduziert das Video den dreidimensionalen Raum auf eine zweidimensionale Bildschirmfläche, schränkt den natürlichen Sehwinkel ein und verkleinert das Sichtfeld auf einen viereckig begrenzten Ausschnitt. Aufzeichnungen vermindern die Wahrnehmungsfülle sozialer Situationen auch in anderer Hinsicht. Video ist nicht in der Lage, nicht-akustische und nicht-visuelle Erfahrungsqualitäten mit einzufangen. Der Duft des Hochzeitsmahls oder die erlebte Wärme am Strand sind im Video nicht konservierbar, obschon möglicherweise sein Wiederbetrachten in uns Erinnerungen daran zurückrufen mag. In der Tat erfordert das Verstehen der aufgezeichneten Interak-

Methodologische Grundlagen

tion unser eigenes Wissen über Interaktionen. Aber weil schon in visueller Hinsicht die Aufzeichnung nicht unseren natürlichen Seheindrücken in der Situation entspricht und Videos vieles nicht enthalten, was ursprünglich in jenen enthalten war, könnten wir sagen, sie seien »künstliche«, lediglich unzulängliche Konserven. Vor allem deswegen, weil die Kameraaufnahme eine Perspektive einnimmt, die sich nicht mit der der Teilnehmer oder der des Forschenden decken muss.

Videos liefern also alles andere als perfekte »Kopien« sozialer Situationen, die sich dann gleichsam unter dem analytischen Seziermesser säuberlich aufschneiden ließen. Es liegt uns deswegen vollkommen fern, ihre Unzulänglichkeiten in dieser Hinsicht zu verschweigen. Ebenso wenig wollen wir einem naiven Positivismus das Wort reden, der die Differenz zwischen Datum und sozialer Wirklichkeit verwischt. Unser Loblied auf die Vorzüge von Videodaten sollte auch nicht darüber hinwegtäuschen, dass es sich um eine ausgesprochen komplexe und entsprechend methodische Geduld und Hartnäckigkeit erfordernde Datensorte handelt, für die in der Sozialforschung bislang außerdem nicht annähernd so viel Erfahrung vorliegt, wie das mit Bezug auf textliche Daten der Fall ist. Das mindert aber nicht die faszinierenden Möglichkeiten, die diese Daten für die Sozialforschung versprechen.

Weiter unten werden wir die von uns erprobte Umgangsweise damit im Einzelnen vorstellen. Zuvor ist allerdings ein Missverständnis auszuräumen, das in der unzulänglichen Verwendung des Singulars begründet liegt. Bislang haben wir von »Video« als Datum gesprochen. Das ist jedoch ungenau. Denn Videoaufzeichnungen sind eine sehr allgemeine Bezeichnung für eine Reihe höchst verschiedener Datenarten. Statt Video als Datum sollten wir besser von Videodaten als Spektrum verschiedenster Datensorten sprechen. Dazu ist es dienlich, die Verhältnisse des Aufgezeichneten zum Abgebildeten zu erfassen. An die Stelle eines unhaltbaren »Repräsentationsansatzes« tritt hier eine differenzierte Klassifikation verschiedener typischer Transformationsweisen, mit denen natürliche Situationen in audiovisuelle Aufzeichnungen verwandelt werden. Dazu betrachten wir die Aufzeichnungsbedingung sowie mögliche Zwischenbearbeitungen und verfolgen, in welche audiovisuellen Datensorten beides mündet. Im Rahmen von Untersuchungen, die sich an der Videographie orientieren, werden üblicherweise von den Forschenden selbst hergestellte Videoaufnahmen ›natürlicher‹ Interaktionen präferiert, wohingegen edierte Videos aus fremden Quellen eine untergeordnete Rolle spielen. Diese Akzentsetzung bedarf allerdings der Erläuterung. Dazu soll im Folgenden diese Videodatensorte von anderen unterschieden werden.

Videographie

Datensorten

Video umfasst eine Vielzahl von Datensorten, die genauer unterschieden werden müssen. Zunächst lässt sich das an der Frage festmachen, wer die Aufzeichnungen hergestellt hat. Ihre ›Natürlichkeit‹ bezieht sich hier auf die Frage, wie nah oder fern sie der Forschung stehen. Die Varianten spannen sich von filmenden Amateuren, die ihre eigene Hochzeit oder die ihrer Verwandten filmen und damit Teil einer Situation sind, über Dokumentarfilmer, die eine Person im Alltag begleiten und diesen zu dokumentieren suchen (und nur gelegentlich bestimmte Handlungen deutlich nachstellen lassen) bis hin zu Forschern und Filmteams, die ganze Labore und Sets so gestalten, dass die Handlung dort auf eine Weise abläuft, wie sie durch Versuchsanweisung oder Drehbuch vorgegeben war. Das Spektrum reicht hier also von »relativ natürlichen« bis hin zu hoch konstruierten Daten:

›natürlich‹

- Forschende gehen ›ins Feld‹ und fokussieren die Videokamera auf alltägliche Situationen
- Videoaktivisten filmen bei einer Demonstration
- Dokumentarfilmer gehen ›ins Feld‹ und folgen einer Person
- Amateurfilmer nehmen an einer Hochzeit teil und filmen diese
- Forschende filmen in einem Labor Experimentteilnehmer bei der Bewältigung an sie gestellter Aufgaben
- Ein Filmteam baut ein Set und dreht einen Film nach Drehbuch

›künstlich‹

Abbildung 1: ›Natürliche‹ und ›künstliche‹ Videodaten

Fraglos ist diese Achse zwischen relativer »Natürlichkeit« oder Künstlichkeit nicht allzu wörtlich zu nehmen. Videodaten kommen in der Natur nicht vor. »Natürlich« bedeutet, dass sie – und die Situationen, auf die sie sich beziehen –, nicht allein und vor allem zu Forschungszwecken arrangiert wurden. An diesen Beispielen illustriert sich die Vielzahl der möglichen Quellen audiovisuellen Materials. Es unterscheidet sich zunächst auf der Dimension des Rezipientendesigns und der Zielsetzung voneinander. Dabei wird es mit unterschiedlich hohem technischen Aufwand erzeugt, der die Situation verschieden stark beeinflusst (Das reicht von möglicher Reaktanz gegenüber einem eher unauffälligen Soziologen bis hin zu kompletter Gestaltung des Settings durch ein Filmteam, bei dem nichts dem Zufall überlassen bleibt). Das Kriterium der ›Natürlichkeit‹ darf hierbei nicht mit naivem Realismus verwechselt werden. Jede Aufnahme stellt eine

Methodologische Grundlagen

Konstruktion dar, jede Situation wird durch die Anwesenheit des Forschenden verändert, die spezifische Nutzung einer Aufzeichnungstechnologie bringt neue Elemente in die Situation ein – ob sich nun Akteure darauf berufen oder nicht.

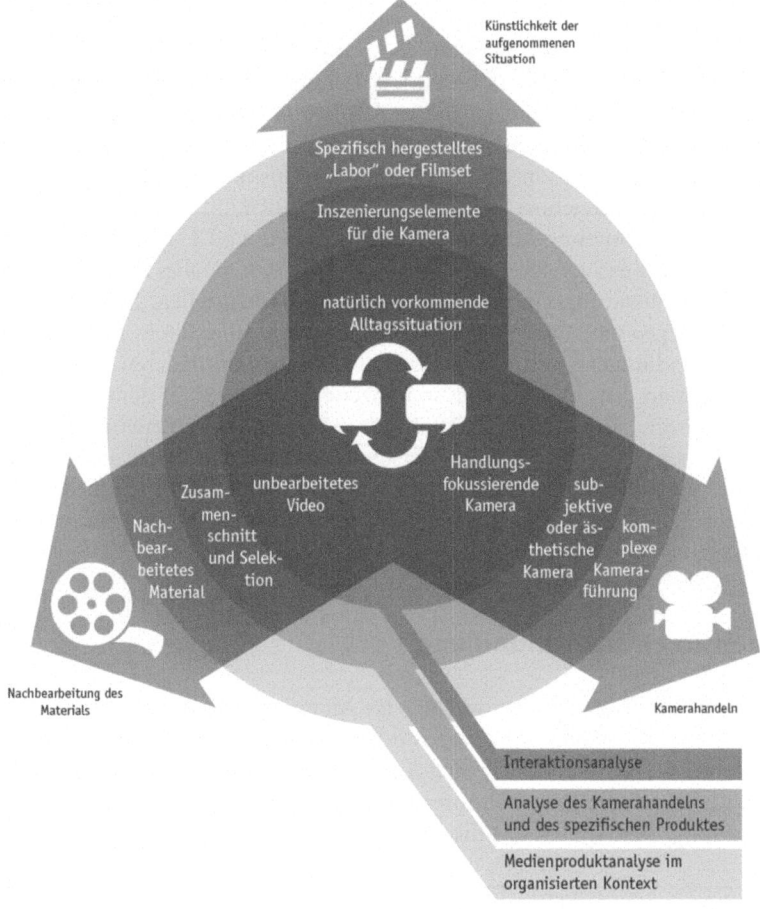

Abbildung 2: Dimensionen der Datensorten von Videodaten

Nimmt man die Konstruiertheit der Daten aus der Perspektive des »Datums« in den Blick, das uns im Anschluss an die Aufzeichnungen vorliegt, so kann man diese in verschiedene analytische Dimensionen einteilen (siehe Abbildung 2). Diese Dimensionen werden nun einzeln erläutert:

Videographie

Dimension Forschungssituation

Die bereits erwähnte Situation stellt die erste Dimension dar. Ist das Ereignis, das aufgezeichnet wurde, eine Alltagssituation, die auch so stattfinden würde, wenn der Forschende nicht dort wäre? Haben die Beforschten im Feld die Kamera wahrgenommen und/oder wurden sie darüber informiert?[18] Zeigen sie Reaktionen auf die Kamera, also lächeln hinein, arbeiten durch ihre Anwesenheit besonders fleißig[19] oder inszenieren gar eine Fassade für den ungewohnten Gast? All diese Fragen weisen auf die Besonderheiten dieser Dimension hin. Wir können eine komplett für die Kamera inszenierte Situation als ihren Gegensatz ausmachen. Hier wird nicht mehr Alltag aufgezeichnet, sondern mit viel Aufwand offensichtlich eine bestimmte Inszenierung hergestellt – so wie wir es von Fernsehfilmen kennen. Wenig bis nichts bleibt hier dem Zufall überlassen, alles handelt für das Auge der Kamera, um ein bestimmtes Ergebnis herzustellen. Laborarrangements verfolgen einen ähnlichen Kontrollanspruch über die in ihnen ablaufenden Handlungen, wenn auch zweifellos mit einem anderen Ziel als im Studio oder am Set. Dort ist alles so in Szene gesetzt, alles ist derart gestaltet, dass bestimmte Aktionen isoliert und ohne »störende« Außeneinflüsse beobachtet werden können. Versuchspersonen führen im Rahmen eines Experiments Aufgaben durch, die sie zwar aus dem Alltag kennen, tun das hier nun jedoch innerhalb einer Laborsituation (was sie mitunter wissen und im Normalfall auch in ihren Handlungen anzeigen).

Dimension Kamerahandlung

Nicht nur die Situation, in welcher das Material aufgezeichnet wurde, ist relevant für die spätere Analyse, sondern auch die Handlungen, die die Forschenden als Filmende in der Aufzeichnungssituation vollziehen. Die Art und Weise der Aufzeichnung selbst ist entscheidend für die spätere Auswertung. Wir wollen das die Dimension der *Kamerahandlung* nennen.

---

18 Die ethischen und rechtlichen Aspekte der Videographie diskutieren wir weiter unten eingehender (vgl. S. 64).
19 Dieser Beobachtereffekt wurde in den ›Hawthorne-Studien‹ entdeckt, die von 1924 bis 1932 in den gleichnamigen Werken der Western Electric Co. unter Leitung von Elton Mayo, Fritz Roethlisberger und anderen stattfanden und den Ausgangspunkt für die sogenannte ›Human-Relations-Bewegung‹ bildeten (Schwartzman 1993: 5–17). Für eine kritische Rekonstruktion ihrer Institutionalisierung vgl. Walter-Busch (1989).

Methodologische Grundlagen

Damit nehmen wir einen geläufigen filmwissenschaftlichen Begriff auf, allerdings ohne die damit häufig implizierten filmästhetischen Vorstellungen. Wir wollen damit ebenso wenig ausdrücken, dass wir der Kamera als technischem Artefakt jegliche eigenständige Handlungsmächtigkeit zurechnen. Aber die Art und Weise, wie sie verwendet wird, beeinflusst die Aufnahmen und bringt verschiedene Ergebnisse hervor, die sich in den Daten niederschlagen. In der Videointeraktionsanalyse wird üblicherweise eine Kamera bevorzugt, die auf die Interaktionssequenz zwischen den beforschten Akteuren fokussiert und deren Bewegungen und Orientierungen einzufangen versucht. Typischerweise ist das eine statische Kamera, die über einen längeren Zeitraum die Akteure im Fokus hat.[20] Dies stellt eine Selektion dar. Man könnte diese Perspektive auch die »voyeuristische« nennen, weil sie darauf ausgerichtet ist, die Handlungen der Forschenden zu verbergen und das Handeln der Akteure von außen »neutral« zu betrachten.

Jedoch gibt es auch Herangehensweisen, die nicht den Fokus der Akteure, sondern den der Beobachter ins Zentrum des Handelns stellen. Diese Kameraführung nennen wir ›subjektive Kamera‹. Diese Kameraführung wurde z.B. von Mohn (2002) für die Unterrichtsforschung genutzt und fügt den Forschenden in das Videomaterial mit ein. Sie geht auf Ideen des *cinema verité* zurück und wurde dort unter dem Begriff *caméra-stylo* eingeführt. Was wichtig ist und in den Blick gerät, wird in der Situation selegiert. Die Kamera repräsentiert den Blick der anwesenden Forschenden, die sich mehr oder weniger am Geschehen beteiligen und ihre eigenen Blicke und Sehrichtungen mit der Kamera dokumentieren (Mohn 2006). Diese Herangehensweise postuliert einen hohen Grad an Reflektiertheit in Bezug auf die Forscherrolle, die hier nicht minimiert, sondern zum Prinzip der Produktion von Daten (und Erkenntnis) erklärt wird. Gleichzeitig setzt sie eine grundsätzlich andere Analyseform voraus. Denn die Kamera, die mal hierhin, mal dorthin gerichtet wird, verfolgt nicht Akteure bei ihren Handlungen, sondern ist selbst beständig tätig und in Veränderung. Die Analyse muss schließlich auf die Selektionen durch die Forschenden selber zielen (zu Problemen und Erkenntnispotentialen siehe Kapitel 5).

Wenn schließlich Material herangezogen wird, das nicht von den Forschenden selbst produziert wurde, sondern aus anderen Kontexten stammt (etwa aus Internet-Clips) oder das von den Akteuren selbst geliefert wurde, so handelt es sich in der Regel um Aufzeichnungen, bei denen die Kamera gezielt zur Inszenierung eines bestimmten Seheindruckes verwendet wurde. Häufig ist das Material geschnitten und die Auswahl des Fokus richtet

---

20 Genauere praktische Hinweise hierzu werden in Kapitel 5 gegeben (vgl. Infokasten S. 73).

sich nach ästhetischen Kriterien. Die Auswertung ebensolcher Daten erfordert Kenntnisse über die spezifischen Stile der ›Sehgemeinschaften‹ (Raab 2006, 2008), die diese Video produzieren und konsumieren, und nach denen sich die Kameraführung richtet und die selbst Auskunft über das soziale Ereignis gibt.

Dimension Nachbearbeitung

Nicht nur die Handlungen während der Aufnahme spielen eine Rolle. Gerade bei nicht selbst produziertem Material aus Fernsehsendungen oder Internet-Clips sind Schnitte und Nachproduktion wichtige Gestaltungselemente, die sich im Video zeigen. Hier reicht das Spektrum vom ungeschnittenen und nicht weiter nachbearbeiteten Rohdatum über eine Nachbearbeitung mit Untertiteln und Hervorhebungen durch Forschende über den Zusammenschnitt bestimmter Sequenzen bis hin zu aufwendigen und sorgfältigen professionellen Schnitten aus verschiedenen Quellen, die der Erzählung in einem Dokumentar- oder Unterhaltungsfilm dienen. Dieser Schnitt stellt einerseits eine Selektion bestimmter Blicke und Sequenzen dar, enthält aber weiterhin eine eigene Dramaturgie und Ästhetik. Wenn Videos derart bearbeitet sind, bezeichnen wir sie üblicherweise auch als *edierte* »Filme«, Clips oder Medienprodukte, die eine grundsätzlich andere Herangehensweise erfordern als die Aufnahmen, die spezifisch zur Analyse der Interaktion hergestellt wurden.

Zusammenfassend lässt sich festhalten, dass in das audiovisuelle Material neben den Bildinhalten und den mehr oder minder intentionalen Selbstdarstellungen der Abgelichteten immer auch die Produktions- und Handlungsästhetiken der Aufzeichnenden eingeschrieben sind: Über die Analyse von Kamerahandlung sowie die Modi verschiedener Nachbearbeitungstechniken (Schnitt und Montage) können so Rückschlüsse auf spezifische kommunikative Problemlagen und Handlungsmotive gezogen werden.

Die drei idealtypisch getrennten Dimensionen stehen nicht unverbunden nebeneinander, sondern verschränken sich miteinander. Aufwändig geschnittene Sequenzen gehen oft einher mit einer Inszenierungsleistung und komplexen Kamerabewegungen, während die Forscherkamera ihren unbeteiligten Blick vom Stativ herunter auf das Alltagsgeschehen zu werfen versucht.[21] Der Grad der Künstlichkeit, der Inszeniertheit und der

---

21 Um Missverständnissen vorzubeugen: Hiermit ist nicht gemeint, diese Daten seien ›neutral‹, denn auch der statische Blick lässt bestimmte Elemente (wie etwa Emotionalität in Situationen) zumindest teilweise verschwinden und ent-

Methodologische Grundlagen

Komplexität der Kamerahandlung muss also bei der Interpretation mit berücksichtigt werden. Das macht die Zuhilfenahme zusätzlicher Methoden notwendig, die der zugrundeliegenden Handlung Rechnung tragen. Um die Schnitte eines professionellen Filmes zu verstehen, ist es erforderlich, dass der Forscher sich mit den Praktiken des Filmschnitts auseinandersetzt und dieses Wissen in die Analyse einbringt, genauso wie die Produktion am Set es notwendig macht, zumindest in Grundzügen mit der Filmindustrie und ihrer Arbeitsteilung vertraut zu sein.

Schließlich lassen sich Wechselwirkungen zwischen den Darstellungen vor und den Handlungen hinter der Kamera in Abhängigkeit von der jeweiligen technischen Entwicklung des Aufzeichnungsmediums einerseits und den je spezifischen kulturellen und soziohistorischen Handlungsanforderungen und Handlungsoptionen andererseits untersuchen. Letzteres wird vor allem dort für die Analyse relevant, wo es sich um Videodaten handelt, die mit besonderem ästhetischem Anspruch produziert oder nachbearbeitet wurden.

Stellt man in Rechnung, dass die Tendenz zur Herstellung eigener Videos von den Handelnden im Feld durch die immer breitere Verfügbarkeit von Aufzeichnungsgeräten und einer sich ausbildenden *Videographiepraxis* zu einem immer größeren Bestand an Videomaterialien führt, so wird der Auswertung *auto-ethnographischer* Videos größere Bedeutung zukommen (Traue 2012). Dass dabei Dokumente über Felder verfügbar werden, die der unmittelbar teilnehmenden Beobachtung durch den Forscher verschlossen bleiben, spricht zudem für eine intensivere Nutzung dieser Daten. Videodaten verändern folglich nicht nur die Art der Feldforschung, sondern eröffnen auch einen besonderen Zugang zu den Selbstrepräsentationen der Handelnden. Denn in den von den Beobachteten selbst produzierten Aufnahmen schlägt sich eine ganz ausgezeichnete Form der Kondensierung ihrer eigenen Lebenswelt nieder. Die Aufnahmen stellen durch die Handelnden selbst selegierte Einblicke in ihre Praxis dar, in die in ganz besonderer Weise deren Selbstdeutungen eingehen.

Die in diesem Band vorgestellte Videographie bietet ein ausgefeiltes und wohlerprobtes Instrumentarium, um Interaktionen zu analysieren. Im Prozess der Forschung kreieren wir Daten, deren Beschaffenheit sich am »natürlichen« Ende von Abbildung 1 (s.o. S. 36) orientiert. Auf die Analyse dieser Art von Daten bezieht sich das Konzept der Videointeraktionsanalyse, weil hier die aufgezeichneten Interaktionen im Fokus der Analyse stehen und die lokalen Sinndimensionen (situativer Kontext, Handlungszüge etc.) sich miteinander verschränken. In vielen Fällen weichen die verfügbaren Daten hiervon ab, weil sie z.B. aus Laborkontexten stammen (die vorab geplant

---

hält eine eigene Epistemologie. Über diese müssen die Forschenden reflektieren.

Videographie

und gesteuert sind) oder von Dritten bearbeitet wurden (geschnittene Aufnahmen). Auch diese können eine Grundlage für Interaktionsanalysen bieten – wenn die Spezifik dieser Aufnahmen mitinterpretiert wird.

Handelt es sich bei den zu analysierenden Daten um explizit »künstlich« produzierte Videoaufnahmen wie etwa Fernsehsendungen, YouTube Clips oder Amateurvideos, sollte man genauer von ›Medienproduktanalyse‹ sprechen. Bei stark nachbearbeiteten Daten stellt sich nicht mehr hauptsächlich die Frage nach der abgebildeten Interaktion; vielmehr drängen sich Fragen auf wie etwa: »Welchen Sinn drückt dieses Medienprodukt aus?« In diesem Fall ist es angeraten, einen anderen, für solche Videodaten besser geeigneten Methodenansatz zu wählen (vgl. Reichertz & Englert 2010). Bevor wir auf die einzelnen Schritte des videographischen Forschungsprozesses eingehen, stellen wir im folgenden vierten Kapitel einige Analyseverfahren vor und gehen dabei auch auf Alternativen zur Videographie und Videointeraktionsanalyse ein.

Übungsfragen

→ Worin bestehen die **Vorzüge von Videodaten?** Was sind ihre methodischen **Herausforderungen?**
→ Welche **technischen Besonderheiten** zeichnen Videodaten aus?
→ Erläutern Sie den Unterschied zwischen **registrierender** und **rekonstruierender** Aufzeichnung.
→ Welche verschiedenen **Datensorten** gibt es bei Videos und was sind ihre jeweiligen **Eigenheiten?**
→ Legen Sie die Datenspezifik der **Videointeraktionsanalyse** dar.

4 Überblick über methodische Ansätze und Felder der Videoanalyse

In diesem Kapitel wird ein Überblick über diverse gegenwärtig verwendete Verfahren der Videoanalyse gegeben. Diskutiert werden ihre spezifischen methodologischen Besonderheiten sowie ihre Eignung für die Analyse verschiedener Datensorten. Diese Darstellung bildet den Hintergrund zur Skizzierung der methodologischen Prinzipien der Videoanalyse, mit der wir in den folgenden Kapiteln weiter verfahren werden.

Die Analyse von Videodaten ist sowohl von ihrer Herkunft als auch vom Ziel der jeweiligen Untersuchung abhängig. Weil Videodaten aus diversen Feldern stammen, haben sich unterschiedliche Analyseverfahren herausgebildet. Die je eigenen dabei verfolgten untersuchungsleitenden Fragestellungen und methodologischen Perspektiven tragen darüber hinaus zu einer wachsenden Vielfalt methodischer Umgangsweisen mit Videodaten bei. Man kann leicht begreifen, dass es für die Analyse des Materials einen großen Unterschied macht, mit welcher Datensorte und auf welches Ziel hin gearbeitet wird. Dass sich eingespielte methodologische Traditionen aus der interpretativen Arbeit mit anderen Datenarten auch in der Art der Videoanalyse niederschlagen, verwundert ebenso wenig.

Auf das Verfahren der Videographie und der Videointeraktionsanalyse werden wir in den folgenden Kapiteln detailliert eingehen. Videointeraktionsanalyse ist hierbei ein Verfahren zur Analyse von Interaktion, die auf Videodaten abgebildet ist, Videographie hingegen bezeichnet den umfassenderen Forschungsvorgang, der die Erhebung der Daten in der Situation des Handelns (und damit die Ethnographie) miteinbezieht. Bevor wir aber genauer auf diese Verfahren eingehen, die aufeinander aufbauen, sollen in diesem Buchabschnitt die zentralen Unterschiede dieses Ansatzes gegenüber anderen interpretativen Videoanalyseverfahren diskutiert werden. Dazu werden wir wesentliche Begriffe erklären und anhand von einzelnen Beispielen die verschiedenen analytischen Perspektiven verdeutlichen. Angesichts der sehr dynamischen Entwicklung auf dem Feld der Videoanalyse sei darauf hingewiesen, dass die folgenden Betrachtungen keinen Anspruch auf Vollständigkeit erheben können.

Videographie

Standardisierende vs. interpretative Analyse

Eine erste Unterscheidung ist grundlegend. Methodologisch betrachtet gibt es wesentliche Unterschiede zwischen zwei Verfahrensgruppen: den *standardisierten* und den verstehenden bzw. *interpretativen* Methoden der Videoanalyse. Bei standardisierten, deduktiv verfahrenden methodischen Ansätzen der Forschung mit Videodaten werden die Analysekategorien aufgrund theoretischer Annahmen im Vorhinein festgelegt und später auf das audiovisuelle Material deduktiv angewandt. Vor allem in der Psychologie existieren schon seit langem Verfahren, die Videoaufzeichnungen nutzen, um damit bestimmte Handlungsweisen und Verhaltensformen systematisch aufzuzeichnen und anschließend auf bestimmte Häufigkeiten oder Muster hin zu analysieren. Diese Methodik ist auch in den Erziehungswissenschaften weit verbreitet. Vielfach finden diese Studien in dazu eigens installierten Experimentalräumen statt, um eine größtmögliche Kontrolle der Forschungsrandbedingungen sicherzustellen und um die Aufzeichnungsbedingungen zu optimieren. Nicht selten werden dazu erhebliche Mittel investiert. Die in solchen Experimentalsettings erhobenen Daten werden anschließend nach einem mehr oder minder ausgeklügelten Kodierschema ausgewertet. Dies gilt übrigens auch für alle abgeleiteten Versionen, die nicht im Labor stattfinden. Beispielsweise in der Schulforschung, wo das Setting in Gestalt eines regelmäßig organisierten Unterrichtsbetriebs relativ konstant und vorhersehbar ist. Solche Videoanalysen zielen etwa darauf, Varianten in der Didaktik oder bestimmte bereits bekannte oder vermutete Verhaltensaspekte der Beteiligten zu erheben und miteinander zu vergleichen. In der Regel versucht man in diesen Untersuchungsdesigns, die Aufzeichnungen in möglichst statischen Settings anzufertigen und eine hohe Situationskontrolle auszuüben.

Mit Blick auf den oben erläuterten Aspekt der ›Natürlichkeit‹ (S. 36) ist das allein methodisch betrachtet schon ein sehr kritischer Punkt. Schwerer wiegt indes, dass die Auswertung der Videodaten in solchen Studien bezogen auf die im Experiment »eingeschriebenen« Erwartungen erfolgt. Anders gesagt: Kodiert werden verschiedene Ereignistypen, die theoretisch bereits bekannt sind. Dies erfolgt beispielsweise wenn Interaktionskodierungen wie »aggressives« oder »nicht-aggressives«, »unterstützendes« oder »nicht-unterstützendes« Verhalten einzelnen Ausschnitten von Videoaufzeichnungen zugeordnet werden. In der standardisierten Videoanalyse wird die Situation also als »gesetzt« begriffen und nach Gründen für Variation gesucht. Die hierzu entwickelten Kodierungen werden üblicherweise aus Operationalisierungen theoretischer Vorannahmen abgeleitet. Damit ist eine Standardisierung der Beobachtung und deren Auswertung verbun-

Analyse

den, die dazu beiträgt, die Daten zu überprüfen, ohne die Beobachtungskategorien jedoch selbst zur Disposition zu stellen. Zur Steigerung der Verlässlichkeit werden solche Kodierungen häufig intersubjektiv validiert, indem die Kodierungen voneinander unabhängig arbeitender Forscher durch Vergleiche miteinander überprüft und in Form von Maßzahlen (z.B. als ›Inter-Koder-Reliabilität‹) quantifiziert werden. Von diesem Ansatz ist es zu einer Automatisierung der Videoanalyse nicht weit. Ganz offenkundig lassen sich deren standardisierte Ergebnisse statistisch weiterverarbeiten und damit leicht an eine Forschungslogik anschließen, wie sie in der quantitativen Sozialforschung gepflegt wird. Schon seit einigen Jahren gibt es mehr als 40 Softwareprogramme, die solche standardisierten Videoanalysen mehr oder weniger zu automatisieren erlauben (Koch & Zumbach 2002).

> **Forschungsbeispiel Physikunterricht**
>
> In einer Videostudie zum Physikunterricht in der Schule (Seidel et al. 2005) wird das Forschungsdesign ausführlich erläutert. Eingebettet in einen aufwändigen Samplingprozess wurden ausgewählte Aspekte des Unterrichtsgeschehens gezielt gefilmt, um bestimmte Muster in der Lehre zu identifizieren. Mithilfe von »guidelines«, welche unter anderem Anweisungen dazu enthalten, was und wie gefilmt werden soll, wurden die Aufzeichnungen standardisiert. In den Klassenzimmern wurde mit zwei Kameras gearbeitet, von denen eine die idealisierte Schülersicht auf die Lehrerin und die andere die Interaktionen zwischen Lehrerin und Schülerin in den Fokus nehmen sollte. Anschließend wurden die so gewonnenen Daten durch eigens dazu geschulte Helfer vorab festgelegten Mustern folgend »prozessiert« und analysiert. Mithilfe einer Software namens Videograph wurden Transkripte angefertigt und die Daten anschließend nach vorbestimmten ›Turns‹ ausgewertet (66, s.a. Stigler & Fernández 1995), d.h. es wurde im Video markiert bzw. kodiert, sobald ein Sprecherwechsel stattfand. Aus diesen Häufigkeiten wurde anschließend auf die Interaktionsdichte des Unterrichts geschlossen und verschiedene angewandte Unterrichts-Methoden miteinander verglichen.

In der Verhaltens-, der Schul- oder der Marktforschung werden solche standardisierten Videoanalysen im Prinzip aus ähnlichen Gründen eingesetzt wie in der interpretativen Forschung. Immer geht es darum, genauere Einblicke in die Situationen zu erlangen, die im Mittelpunkt des jeweiligen Forschungsinteresses stehen, um sie eingehender Analysen zu unterziehen. Hinsichtlich der Ausbeute blieben jedoch vielen dieser Studien hinter den Möglichkeiten der Videoanalyse weit zurück, weil der Blick durch eine vordefinierte Beobachtung gelenkt und in fixierte Kategorien gepresst wird.

Im Unterschied zur standardisierten Videoanalyse existiert eine Reihe von Ansätzen, die *interpretativen* Methodologien folgen. Anders als bei standardisierten Verfahren werden die Erkenntnisse dort nicht lediglich durch Häufigkeiten und statistische Korrelationen gewonnen. Vielmehr verfolgen diese Ansätze das Ziel, den *Sinn der Handlungen zu verstehen*

Videographie

und anschließend zu erklären. Eingeschlossen sind dabei sowohl das Handeln der Gefilmten als auch dasjenige derer, die hinter der Kamera als »Produzenten« beteiligt sind. Interpretative Verfahren werden in der Soziologie häufig unter dem Begriff ›Qualitative Sozialforschung‹ zusammengefasst, bei dem jedoch Vorsicht geboten ist. Denn eine Reihe von nur vorgeblich qualitativen Untersuchungen scheut vor einer vorgängigen Standardisierung etwa bestimmter Körperbewegungen oder -haltungen nicht zurück, sodass sich die Methodik dieser Studien oft nicht grundsätzlich von den deduktiven Kodierungen standardisierter Forschung unterscheidet. Eine tatsächlich interpretative Analyse dagegen bemüht sich darum, die relevanten Kategorien der Beobachtung erst im Verlauf der Beobachtung und auf der Basis der Handlungen der Akteure und *deren* Relevanz zu bilden, sie also aus dem Material heraus zu entwickeln.

Forschungsbeispiel U-Bahn-Leitstellen

In einer Videoanalyse der Arbeitswelt von U-Bahn-Leitstellen entdeckten beispielsweise Heath & Luff (1996) die zentrale Bedeutung bestimmter Beobachtungsformen der dort Tätigen für die Koordinierung von Arbeitsaktivitäten. Geleitet von der Aufgabe, zu identifizieren, wodurch der in den Leitstellen arbeitende Signalassistent und der Linienvorsteher sich in ihren Arbeitsabläufen koordinieren, entwickelten Heath & Luff aus dem Videomaterial heraus und auf der Basis deren sorgfältiger und kleinteiliger Analysen die Konzepte »monitoring« bzw. »peripheral awareness«. Im Video beobachtbare Aktivitäten konnten sie als »overhearing« bzw. »overseeing« konzeptuell fassen. »Overhearing« zählt zu den regelmäßig ausgeübten Tätigkeiten und drückt sich etwa darin aus, dass der Linienvorsteher seinen Funkruf mit dem verspäteten U-Bahnführer so laut führt, dass der Signalassistent die Verspätung mitbekommt, ohne explizit adressiert worden zu sein, damit dieser entsprechende Maßnahmen wie nachfolgende nötige Lautsprecherdurchsagen oder das Schließen von Zugangsbarrieren auslösen kann, ohne zu diesen Betätigungen eigens angewiesen worden zu sein.

Videographie vs. Videoproduktanalyse

Die Sozialforschung mit Videodaten im deutschsprachigen Raum und darüber hinaus hat in den vergangenen Jahren einen starken Aufschwung erlebt. Lange Zeit zuvor waren es nur wenige Pioniere, die sich mit Videodaten als Forschungsgegenstand und -mittel beschäftigten. Demgegenüber existiert in den Film- und Medienwissenschaften eine breite eigenständige Debatte, die sich aus der Perspektive filmischer Medienformate und deren Varianten und Stilrichtungen mit der Analyse von Videos beschäftigt. Großer Wert wird dabei auf die gestalterischen Aspekte und ästhetischen Qualitäten der Produkte gelegt, deren Sinngehalte interpretiert werden

Analyse

(weiterführend hierzu Reichertz & Englert 2010). Bis zu dieser Zeit wurden auch die Praktiken im Umgang mit Video in den seltensten Fällen in den Blick genommen.[22] Innerhalb der interpretativen Sozialwissenschaft haben sich über die letzten Jahrzehnte mehrere Forschungsansätze zur Analyse von Videodaten entwickelt. Einige davon stellen wir im Anschluss ausführlicher vor. Bei aller Vielfalt lassen sich diese verschiedenen Ansätze hinsichtlich der Rolle differenzieren, die »dem Video« im Forschungsprozess zugemessen wird. Differenzen ergeben sich ebenso hinsichtlich der Forschungsfrage, auf die sich die Forschenden konzentrieren. Hier lässt sich eine klare Differenz feststellen: Manche Verfahren begreifen das Video vornehmlich als Handlungsprodukt und interessieren sich für dessen Entstehungsbedingungen bzw. die spezifischen Qualitäten und Eigenschaften des Videos als besonderes *mediales Produkt*. Konsequenterweise widmen solche Ansätze den edierten Eigenschaften des Videos besondere Aufmerksamkeit. Andere setzen Videotechnologie als *Forschungsmedium* ein, das methodisch reflektiert genutzt wird, um die aufgezeichneten Handlungen, Interaktionen und sozialen Situationen besser und genauer untersuchen zu können.

Mit Bezug auf das Konzept der Datensorten aus dem letzten Kapitel (S. 36) lassen sich also zwei grundsätzlich unterschiedliche Ansätze identifizieren:

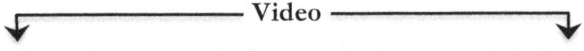

als Forschungsmedium	als mediales Produkt
Forschende gehen ›ins Feld‹ und fokussieren die Videokamera auf alltägliche Situationen, in denen Akteure handeln, und analysieren, wie sie das tun.	*Forschende speichern (massen-)medial vermittelte Daten und analysieren, mit welchen filmtechnischen oder -ästhetischen Mitteln welche Bedeutung hergestellt wird, welcher spezifische Stil dieses mediale Produkt auszeichnet oder welche ›Überzeugungskraft‹ dem Video als Produkt innewohnt*

Abbildung 3: Zwei Formen von Videoforschung

Wie ein kurzer Blick auf die Verfahren und Ziele der Analyse zeigt, handelt es sich um voneinander stark abweichende Vorgehensweisen, selbst wenn diese in weiten Teilen auf durchaus eng verwandte methodologische Grundlagen aufbauen. Allerdings muss man beobachten, dass diese Unterschiedlichkeit

---

22 Für eine medien- und wissenschaftshistorische Analyse des Zusammenhangs zwischen audiovisuellen Aufzeichnungen und Entwicklungen in den Humanwissenschaften vgl. Reichert (2007). Für eine Analyse der Innovation des Videorecorders und dessen kulturelle Folgen siehe Zielinski (2010 [1986]).

Videographie

nicht immer in der Bezeichnung des jeweiligen Verfahrens berücksichtigt wird (s. dazu Loer 2010, sowie die Replik darauf von Knoblauch 2011a).

Im Sinn einer klaren Begriffsverwendung ist es hilfreich, die Verfahren auseinanderzuhalten, die unten genauer erläutert werden, und die Bezeichnungen voneinander sorgfältig zu unterscheiden: Wie schon erwähnt, wollen wir die Forschung, die nicht allein mithilfe schriftlicher Notizen sondern mit Aufzeichnungen von Videokameras durchgeführt wird, als *Videographie* bezeichnen. Die Prinzipien der Feldarbeit mit Video werden im folgenden Kapitel erläutert. Alle anderen analytischen Verfahren, in welchen durch die genaue Analyse audiovisueller Daten wissenschaftliche Erkenntnisse auf eine verstehende Weise produziert werden, bezeichnen wir demgegenüber als *Interpretative Videoanalyse*.[23] Eine Form der interpretativen Videoanalyse stellt die aufgezeichneten Handlungsabläufe *vor* der Kamera in den Mittelpunkt ihres analytischen Interesses. Sofern es sich dabei um Interaktionen handelt, reden wir von *Videointeraktionsanalysen*. In einer anderen Methode wird die Analyse auf Kamerahandlungen, Schnitt und andere ästhetische Qualitäten des Videomaterials ausgedehnt. Weil sie sich überwiegend mit edierten und fremdproduzierten Videodaten beschäftigen, könnte man diese Variante auch als *Video-Produkt-* oder *Video-Medien-Analyse* bezeichnen.

Videographie als Erhebungsverfahren ist mit der *Videointeraktionsanalyse* verbunden, die auch als *Video-Performanz-Analyse* (Schnettler 2006) bezeichnet werden kann. Darauf werden wir in den kommenden Kapiteln genauer eingehen. Zuvor bieten wir einen knappen Überblick über die momentan im deutschsprachigen Raum gängigen Verfahren der Interpretativen Videoanalyse, um ihre Nützlichkeit für spezifische Forschungszwecke darzustellen.

---

23 Als dritte Form der Interpretation von Videomaterial dürfen die schon genannten alltagsweltlichen privaten oder beruflichen Praktiken gelten, etwa im Leistungssport, in der Videoüberwachung oder im Rhetoriktraining. Solche Videoanalysen finden außerhalb wissenschaftlicher Kontexte eine immer stärkere Etablierung und existieren in erheblicher Variationsbreite. Diese Formen ›alltäglicher‹ oder ›vernakulärer‹ Videoanalyse (*vernacular video analysis*) sind hingegen bislang noch wenig erforscht und deshalb Gegenstand einer laufenden Untersuchung (Tuma 2012a).

Analyse

Varianten Interpretativer Videoanalysen

1 Die Dokumentarische Methode

Eine sicherlich vielbeachtete Methode innerhalb der Interpretativen Verfahren ist das von Ralf Bohnsack (2009) entwickelte, an Karl Mannheim und Erwin Panowski anknüpfende Verfahren der Bild- und Videointerpretation. Es wird vor allem im deutschsprachigen Raum breit rezipiert. Die dokumentarische Methode zielt auf die Rekonstruktion der sich in Kulturprodukten im weitesten Sinne manifestierenden Sinngehalte. Als ›dokumentarisch‹ hatte schon Mannheim diese Sinnform bezeichnet, um sie vom subjektiven und vom objektiven Sinn abzugrenzen. Dokumentarisches schlägt sich zum Beispiel in dem besonderen Stil einer Epoche nieder, mit dem wir eine Gruppe von Gemälden als ›impressionistisch‹ oder ›kubistisch‹ identifizieren. Damit verdeutlicht sich eine der wesentlichen Eigenheiten des Dokumentarischen: es ›operiert‹ gewissermaßen jenseits von Wille und Sachverhalt. Demgemäß wird weder den Selbstaussagen der Beteiligten noch den ›objektiven Tatsachen‹ letzte Aufmerksamkeit geschenkt, sondern vor allem dem, was darüber hinaus als sinnfähig in den jeweiligen Kulturprodukten identifiziert werden kann. Das ist fraglos ein soziologisch hochinteressanter Ansatz. In der Konzentration auf ›das Dritte‹ liegen jedoch auch die besonderen Einschränkungen dessen, was mit dieser Methode erhoben werden kann. Denn ganz folgerichtig im Sinne der dokumentarischen Methode erfahren die ›tatsächlichen Abläufe‹ ebenso wie die subjektiven Orientierungen der Handelnden eine gewisse Abwertung.

Angewandt wird die dokumentarische Methode der Bild- und Videoanalyse vor allem auf mediale Produkte (Hampl 2010, Przyborski 2008) sowie auf Interaktionen im Bildungskontext (Wagner-Willi 2006). Ihr Vorgehen baut auf dem aus der kunstwissenschaftlichen Bildanalyse bekannten dreigliedrigen Interpretationsverfahren auf, dessen Schritte als ›vorikonographische‹, ›ikonographische‹ und ›ikonologische Interpretation‹ bezeichnet werden. Anders als die Bildwissenschaften, die sich vornehmlich auf ›starke Bilder‹ (Mitchell 1990) konzentrieren, erweitert die dokumentarische Methode den Anwendungsbereich jedoch auf alltägliche und mehr oder weniger ›profane‹ Bildprodukte. Methodischer Kern des Verfahrens ist die Interpretation des zu untersuchenden Gegenstandes als Sinnrekonstruktion, die in mehreren Schritten abläuft: Sie beginnt (1.) mit einer »formulierenden Interpretation«, der (2.) eine »reflektierende Interpretation« (der formalen Bildkomposition) folgt und die schließlich (3.) in eine »Typisierung und Generalisierung« mündet. Wie die Bezeich-

Videographie

nungen der Analyseschritte bereits anzeigen, lebt die Methode ganz wesentlich von ihrer analytischen Verbalisierbarkeit und misst dementsprechend der verbalen Ausdeutung in der Analyse eine maßgebliche Rolle zu. Mittels dieser im Detail noch feiner ausdifferenzierten Verfahrensschritte ist Bohnsack in der Lage, eingehende Bildinterpretationen vorzulegen, die auf einer kunstvollen und fixierten methodischen Grundlage beruhen. Leitend ist bei der Interpretation nicht allein die Frage danach, *was* dargestellt wird, sondern auch *wie* es sich darstellt, d.h. welcher »modus operandi« sich ins Werk mit einschiebt. Unter Bezug auf Ansätze bei Mannheim und Bourdieu geht Bohnsack davon aus, dass Bilder stets mehr sind als simple Zeichen. Sie sind immer auch ein Dokument ihres Herstellungskontextes. Exemplarisch führt Bohnsack das in der Analyse eines Werbephotos vor. Hier dokumentiere sich in den Blickachsen und in der räumliche Nähe der Protagonisten als ›abgebildete Bildproduzenten‹ zueinander eine bestimmte Weltanschauung der Individualität und Autonomie, die sich über mehrere Forschungsschritte rekonstruieren lässt (Bohnsack 2009: 65).

Wurde die ursprünglich vor allem an textlichen Daten wie Interviewtranskripten und Gruppendiskussionsprotokollen entwickelte Dokumentarische Methode zunächst auf Bildmaterial ausgedehnt, schlägt Bohnsack in jüngerer Zeit vor, dieses erprobte bildanalytische Verfahren auf Videodaten anzuwenden. Wie auch bei Fotografien unterscheidet er zwischen »abgebildeten« und »abbildenden Bildproduzenten«.[24] Erstere stehen im Fokus der Videoanalyse von Interaktionen im Schulunterricht (Wagner Willi 2005). Bei der Analyse von Medienprodukten geht es vor allem um die abbildenden Bildproduzenten.

Mit Blick auf die spezifischen Merkmale des Videos hebt Bohnsack die Unterscheidung von Kinemen, Gebärden und operativen Handlungen hervor, die wir bereits aus der Kinesik kennen. Eine weitergehende Interpretation auf der ikonografischen Ebene wird in der Rekonstruktion von rollentypischen Handlungen identifiziert (2009: 147). So soll beispielsweise rekonstruiert werden, welche Bewegungen typischerweise von bestimmten Rollenträgern durchgeführt werden. Ähnlich wie in dem unten dargestellten Verfahren der hermeneutischen Sequenzanalyse wird dabei jedoch die Videoaufzeichnung in Einzelbilder zerlegt, so dass der Schwerpunkt der Analyse weniger auf den Abläufen als auf der Analyse des Bildlichen liegt.

---

24 Diese Begriffe heben hervor, dass bei Fotos wie auch Videos sowohl die Photographin als auch die Personen vor der Kamera das Bild gemeinsam »produzieren«.

Analyse

2 Die Hermeneutische Videoanalyse

Ein für die deutsche Tradition der Interpretativen Soziologie ebenso charakteristischer wie international einzigartiger Ansatz ist die ›sozialwissenschaftliche Hermeneutik‹ (Soeffner 2004), die in jüngerer Zeit auch als ›hermeneutische Wissenssoziologie‹ firmiert. Genauso wie die Dokumentarische Methode ist die soziologische Hermeneutik nicht auf die Analyse audiovisueller Daten beschränkt. Zu den hier für das audiovisuelle Gebiet besonders wichtigen Arbeiten zählen die von Raab, Soeffner und Tänzler (Raab 2001, 2002, Raab und Tänzler 1999, 2002, 2006; Soeffner 2006). Des Weiteren können die Arbeiten von Witte & Rosenthal (2007) und Kissmann (2009) zu den hermeneutischen Ansätzen gerechnet werden.

Als soziologischer Ansatz der Deutung hat die Hermeneutik ein eigenständiges Verfahren der Auslegung entwickelt, bei der die *hermeneutische Sequenzanalyse* als methodische Kunstlehre eine zentrale Rolle spielt. Dabei ist zu beachten, dass der Sequenzbegriff hier anders als im ethnomethodologischen Verständnis (s.u.) verwendet wird. Während innerhalb der ethnomethodologisch orientierten Forschung unter Sequenz eine Handlungsabfolge verstanden wird, welche die Akteure reflexiv bestimmen und die von den Beobachtern rekonstruiert, aufgezeigt und nachgewiesen werden muss, legen hermeneutische Verfahren in der Regel die Einheit der Sequenz nach eigenen Vorgaben fest. Diese bemisst sich häufig an der Materialität der Datensorte. Sequenzanalyse bezeichnet bei hermeneutischen Verfahren also die methodische Kunstlehre einer sequenziell verfahrenden Ausdeutung des Analysematerials.[25] Sie ist damit auf der Ebene der Rekonstruktion angesiedelt und methodisch gesehen ein Konzept zweiter Ordnung. Die Ethnomethodologie betrachtet Sequenz hingegen als Konzept erster Ordnung.

Gemeinsam ist allen hermeneutischen Ansätzen die außerordentlich eingehende Ausdeutung einzelner Materialabschnitte mit dem Ziel einer erschöpfenden Auslegung aller möglichen und soziologisch denkbaren Sinnzusammenhänge. In gewisser Weise stellt das eine Art methodisch verfeinerte Form ›soziologischer Phantasie‹ dar, wie sie von Mills (1959) reklamiert wurde. Die methodologischen Grundlagen der wissenssoziologischen Hermeneutik beziehen sich ausdrücklich auf die Tradition einer verstehenden Soziologie in der Nachfolge Webers und verbinden diese mit

---

25 Zu den wenigen Beschreibungen des konkreten Vorgehens einer hermeneutischen Sequenzanalyse in der eingeübten Praxis lokaler Interpretationsgemeinschaften siehe Soeffner (2004: 210ff.) sowie Wernet (2000), der sich an der Oevermann'schen ›Objektiven Hermeneutik‹ orientiert.

Videographie

philologischen Mitteln der Textauslegung, wie sie in der geisteswissenschaftlichen Tradition besonders stark entfaltet worden sind. Der enorme Vorzug der hermeneutischen Verfahren liegt in ihrer engen Verzahnung von kultursoziologischen und zeitdiagnostischen Fragestellungen, in deren Zuge die Rolle der *Medialisierung* für die gegenwärtigen Gesellschaften besondere Aufmerksamkeit erhält. In Verbindung mit einer soziologischen Theorie der Sinne (Raab 2001b, Soeffner 2000, 2004) und einer Soziologie der symbolischen Formen (Soeffner 1991, 2010) kommen damit Fragen in den Blick, die den engen Bezug der Situationsanalyse überschreiten und die Videoanalyse in ihren institutionellen und kulturellen Zusammenhängen betrachten. Fruchtbar gemacht wurde dies vor allem für die Analyse von politischen Inszenierungen (Raab & Tänzler 1999, 2002, Raab et al. 2002, Raab et al. 2001) oder für die Rolle der Körperlichkeit im Interaktionsgeschehen. Die Videohermeneutik wird bei Raab (2008) theoretisch und methodisch in das umfassende Konzept einer ›Visuellen Wissenssoziologie‹ eingebettet. Er setzt sie aber auch zur Analyse von Medialisierungspraktiken außerhalb massenmedialer Zusammenhänge wie denen von Mitgliedern in Amateurvideoclubs (Raab 2001a) oder von semiprofessionellen Hochzeitsfilmern (Raab et al. 2002) ein. Hierbei überschreitet er die allerdings schon Grenzen reiner Materialausdeutung in Richtung ethnographisch eingebetteter Studien der jeweiligen alltagsweltlichen Kontexte, aus denen sie stammen und in denen sie produziert werden.

Eine Sonderrolle in der Interpretativen Videoanalyse kommt den kommunikationswissenschaftlich orientierten Arbeiten von Reichertz zu, der zusammen mit Englert eine der ersten deutschsprachigen Einführungsbücher in die Interpretationspraxis der Videoanalyse vorgelegt hat (Reichertz & Englert 2010). Entsprechend des mediensoziologischen Ausgangsinteresses zielen sie mit ihrer Analyse von »Videomaterial, also Teile[n] einer Fernsehsendung« (ebd. 7) auf mehr oder weniger professionell produzierte Handlungsprodukte, die zumeist massenmedial verbreitet werden und möglicherweise kommunikative Wirkmächtigkeit entfalten (Reichertz 2009). Diese »Videoproduktionen« sind also von (den Forschern zumeist unbekannten) Akteuren hergestellt, aufgezeichnet und von den Forschenden zur Analyse der Bedeutungsgehalte einer Interpretation unterzogen worden. Man könnte diese Form der Videoanalyse deshalb genauer als ›Medien- oder Fernsehvideoanalyse‹ bezeichnen, selbst wenn das Verfahren sich sicherlich für Videoformate jenseits der Massenmedien eignet. So analysiert Traue (2012) Material aus den neuen elektronischen Medien beispielsweise in Form von YouTube-Clips hinsichtlich der dort zu findenden Selbstinszenierungspraktiken und kann dabei die in der Video-

Analyse

hermeneutik entwickelten Deutungsverfahren insbesondere für die filmästhetischen und -editorischen Aspekte der Videos nutzen.

Wie Reichertz & Englert (2010) betonen, richtet sich ihr Ansatz auf einen spezifischen Typ von Videodaten, die mit Hilfe einer wissenssoziologisch und handlungstheoretisch geprägten Analyse untersucht werden. Im Mittelpunkt stehen weniger die Handlungen der abgebildeten Akteure, sondern vielmehr die Art und Weise, wie diese von der Kamera eingefangen und in Sequenzen und Szenen montiert werden. Wie wir wissen, *bildet* besonders das Fernsehen Wirklichkeit nicht schlicht *ab*, sondern *produziert* explizit – auch in Dokumentationen – zumeist auf Unterhaltsamkeit getrimmte Bilder. Aus diesem Grund wird in dieser Analyseperspektive gar nicht mehr von einer »natürlichen Handlungssituation« ausgegangen. Vielmehr richten die Forschenden ihren Blick auf die Kamerahandlungen. Konsequenterweise orientiert sich die relevante Einheit der Analyse an den einzelnen von der Kamera vorgenommenen Handlungszügen, also etwa an Schnitten.

Wenngleich die Stärken der Hermeneutik vor allem in der Medienanalyse liegen, bieten hermeneutisch orientierte Videoanalysen durchaus Anschlusspotentiale für die Interaktionsanalyse. Entsprechend inspirierte Studien haben unter anderem Herbrik (2011), Herbrik & Röhl (2008) und jüngst auch Kissmann (2009a) vorgelegt.

3 Konversationsanalytisch orientierte Verfahren der Videoanalyse: Die ›Workplace-Studies‹

Der dritte und für unser Vorgehen zentrale Strang der Entwicklung der Videoanalyseverfahren ist im Rahmen der Ethnomethodologie (Garfinkel 1967) entstanden und beruft sich in seinen Grundlagen – insbesondere in seinem Sequenzverständnis – auf die Konversationsanalyse (Sacks 1992 [1964ff]). Die Ethnomethodologie geht davon aus, dass die Vertrautheit, Geordnetheit und Faktizität unserer alltäglichen Welt eine Leistung unserer eigenen Handlungen bzw. der dabei verwendeten »Methoden« ist. Dies gilt übrigens auch für die Wissenschaft: Sie baut im Prinzip auf der Anwendung derselben Methoden auf, die wir im Alltag verwenden. Entgegen anderer sozialwissenschaftlicher Erkenntnistheorien betont die Ethnomethodologie also die grundsätzliche Kontinuität von Alltagshandeln und wissenschaftlichem Handeln. Dabei unterzieht die Ethnomethodologie vor allem die *situativen Strukturen* der Erzeugung sozialer Wirklichkeit einer exakten und minutiösen Analyse. Aus dieser Perspektive erweist sich allerdings der Zugang zu situationsexternen Größen als schwierig. Diese Konzentration auf das Detail hat ganz erhebliche Konsequenzen für die Herangehensweise der soziologischen Analysearbeit und schärft den Blick für die Details. Fünf zentrale Annahmen der Ethnomethodologie sind für die Konversationsanalyse von primärer Bedeutung:

(a) *Methodizität*: Die Konversationsanalyse konzentriert sich nicht allein auf die Inhalte, sondern bezieht auch die *Form* von Handlungen und Interaktionen in die Untersuchung mit ein. Dabei geht sie davon aus, dass empirisch beobachtbare Unterschiedlichkeiten in den Daten das Ergebnis verschiedener ›Methoden‹ ihrer Herstellung sind, d.h. von Verfahren, mithilfe derer diejenigen, deren Handlungen beobachten werden, das herstellen, was im Mittelpunkt ihrer Handlungen und nachfolgend im Zentrum der soziologischen Analyse steht. Die Analyse folgt also den Ordnungen, die in den Handlungen erzeugt werden. In diesem Sinne ist beispielsweise ein Witz nichts Präexistentes, sondern wird als Objekt erst durch gemeinsam produzierte Methoden der miteinander Handelnden erzeugt, was es soziologisch zu analysieren gilt.

(b) *Interaktivität*: Objekte der sozialen Wirklichkeit sind nur dann Objekte, wenn sie von Handelnden gemeinsam hervorgebracht werden. Auch der Zuschauer ist durch das Zuschauen ganz wesentlich an der Konstitution von Objekten beteiligt. In der Interaktion verwenden wir vor allem Methoden, die wir nicht bewusst kennen, die nicht einmal in unserem Bewusstsein explizit verfügbar sein müssen, sondern die erst in der gemeinsamen Ausführung ans Tageslicht kommen. Anders gefasst: Soziale Wirklichkeit ist immer durch gemeinsames Handeln hergestellte Wirklichkeit, die von den daran Beteiligten im Vollzug erzeugt wird.

(c) *Konstruiertheit*: Dieses Prinzip geht davon aus, dass soziale Strukturen in einzelnen Interaktionen angelegt sind und aus ihnen hervorgehen. Sie existieren nur und insofern, wie sie rückgebunden sind an den tätigen Vollzug der miteinander Handelnden, der deshalb auch das Zentrum des analytischen Interesses bildet. Entsprechend besteht etwa eine Organisation oder eine Regierung nur im fortlaufenden Vollzug besonderer Interaktionen. Die jeweilige Besonderheit dieser fortlaufenden Interaktionen muss im Detail analysiert werden, will man die größeren Zusammenhänge verstehen, die aus ihnen hervorgehen.

Dass jede soziale Wirklichkeit in ihrem fortwährenden Vollzug besteht, wird in der Ethnomethodologie durch das Präfix »doing« zum Ausdruck gebracht. Beispiele dafür sind »doing questioning«, »doing being sportive« oder »doing gender«. Mit ethnomethodologisch fundierter Analyse lässt sich also vor allem der Aufbau und Ablauf von sozialen Vollzügen untersuchen.

Analyse

(d) *Reflexivität* ist ein zentrales Merkmal allen Handelns. Es bedeutet, dass wir im Handeln nicht allein Handlungen ausführen, sondern gleichzeitig darauf hinweisen, wie unser Handeln verstanden werden soll. Wir stellen nicht einfach eine Frage, sondern in der Art, wie wir die Äußerung produzieren, machen wir klar, dass wir eine Frage stellen. Garfinkel drückt das folgendermaßen aus: Die Aktivitäten, mit denen wir unsere Alltagsangelegenheiten verrichten, sind dieselben, mit denen wir sie verständlich, beobachtbar und erklärbar machen. Freilich spielt der (ethnographische) Kontext dabei eine ganz besondere Rolle.

(e) *Indexikalität* bedeutet, dass Äußerungen bzw. Handlungen erst und allein aus dem Kontext, in dem sie produziert werden, verstanden werden können: »Flasche« kann eine Beschimpfung oder eine Antwort auf eine Frage usw. sein. Die tatsächliche Bedeutung des Wortes kann nur eruiert werden, wenn wir den Zusammenhang, in dem diese Äußerung getätigt wurde, sehr genau unter die Lupe nehmen. Indexikalität bedeutet, dass der Sinn von Handlungen im Alltag grundlegend ungenau, vage und vorläufig ist. Indexikalität betrifft auch wissenschaftliche, objektive Aussagen, die nie vollständig »geheilt«, also begrifflich komplett geklärt werden können. Interaktionen funktionieren allein, weil wir davon ausgehen, dass die anderen schon verstehen werden, was wir tun oder sagen. Obwohl dies unter normalen Umständen im Alltag zumeist hinlänglich gelingt, hat Garfinkel mit seinen sogenannten ›Demonstrationsexperimenten‹ die prinzipielle Brüchigkeit dieser Annahme eindrücklich illustriert.

Wenngleich die Konversationsanalyse aus der Ethnomethodologie entstanden ist, nahm sie später, vor allem aufgrund der Arbeiten von Harvey Sacks, eine eigene Entwicklung. Sacks hatte bei Goffman studiert und analysierte Gespräche als Formen verbaler Interaktionen. Ganz wesentlich war für Sacks, dass die Äußerungen nicht vom Forscher im Lehnstuhl ausgedacht wurden, sondern tatsächlich in alltäglichen Gesprächszusammenhängen (mit dem damals aufgekommenen Kassettenrekorder) aufgenommen wurden. Dieser Aspekt wurde von Sacks als ›naturalistic‹ bezeichnet, also als im oben erläuterten Sinne »natürlich«: Daten werden nicht durch die Forschenden erzeugt oder etwa durch Interviews den Akteuren sozusagen in den Mund gelegt, sondern in »natürlichen« Interaktionszusammenhängen aufgezeichnet, und zwar sozusagen in der »natürlichen Wildbahn«.

Des Weiteren zeichnet sich die Konversationsanalyse durch einen außerordentlich hohen Grad an Detailliertheit aus. Auf jede Einzelheit in den Gesprächen wird peinlich geachtet. Um sprachliche Interaktionen genauer untersuchen zu können, wurde in enger Zusammenarbeit mit linguistischen Experten ein eigenes Transkriptionssystem entwickelt (Sacks et al. 1973), das sich in der Gesprächsforschung etabliert hat und später stark verfeinert wurde (Selting et al. 1998, Selting et al. 2009).

Auf dieser Grundlage wird die analytische Aufgabe verfolgt, Regelmäßigkeiten in diesen aufgezeichneten Vorgängen als eines sich im Interaktionsvollzug ablaufenden Prozesses sich strukturierender sozialer Ordnung zu finden. Diese Prämisse drückt sich in der These aus, »order at all points« zu suchen – also auch dort, wo wir üblicherweise »Fehler« vermuten würden. Die Frage ist: »Können wir Ordnung finden? Können wir diese Ordnung erklären? Lässt sich eine Ordnung erkennen, und lässt sich erkennen, worauf diese Ordnung beruht?« Denn jede Handlung – körperlich, verbal etc. – wird organisiert ausgeführt und stellt wiederum selbst Ordnung her. Jedes »mhm« und »oh« ist für die Analyse relevant. Die Analyse arbeitet diese Relevanz heraus; warum dies so und in genau diesem Moment geschieht.

Die an der ethnomethodologischen Konversationsanalyse orientierte Videoanalyse hat international außerordentlich große Verbreitung gefunden. Über den angelsächsischen Raum hinaus ist sie mittlerweile als Maßstab etabliert (Heath et al. 2010, Heath & Luff 2006). Sie verfügt über eine ausgeklügelte, auf über dreißig Jahren Expertise basierende methodische Verfahrensweise. Zu den Pionierarbeiten dieser Schule zählen die frühen Studien von Christian Heath (1986), der mit der Videoanalyse von Arzt-Patienten-Interaktionen begann. Auf der Grundlage von über 500 Aufnahmen medizinischer Konsultationen studierte Heath die Rolle des Zusammenspiels von visuellem und verbalem Verhalten. Damit entwickelte er die vornehmlich auf Audioaufnahmen basierenden konversationsanalytischen Studien entscheidend weiter und korrigierte deren starken linguistischen Bias. Seine Videoanalyse fokussiert auf die interaktionsrelevanten und bis dato in der Konversationsanalyse vollkommen übergangenen Aspekte sichtbaren Verhaltens, deren Interaktionsrelevanz überhaupt erst durch Videoaufnahmen untersuchbar wird. Eindrücklich illustriert sich dies beispielsweise an der Rolle der ärztlichen Blickführung in der Eingangsphase von Anamnesegesprächen. Auf das von Goffman konzeptuell als ›Engagement‹ (*involvement*) beschriebene Interaktionsphänomen rekurrierend formuliert Heath:

> »Engagement in der Interaktion ist fortwährend im Fluss, wird jeweils mit Blick auf das gerade behandelte Thema hergestellt und erweist sich als wesentlich durch die visuell beobachtbaren Handlungen erzeugt, die wir bei der Fokussierung und Aufrechterhaltung unserer gemeinsamen Aufmerksamkeit ausführen« (Heath 1986: 7).

Seine Videoanalyse konzentriert sich auf die minutiöse Rekonstruktion dieser von »Moment-zu-Moment« schrittweise sich entfaltenden Sequenzabfolge der Interaktion zwischen Arzt und Patient, die aus dem Material her-

Analyse

ausgearbeitet und in ihrer typischen Ablaufstruktur beschrieben wird. Mit Bezug auf die Funktion des Blickens hebt Heath deren einzigartige Relevanz zur Herstellung und Anzeige von Reziprozität (*recipiency*) hervor:

> »Am Beginn der Konsultation können Ärzte sich aus dem wechselseitigen Engagement heraushalten, indem sie ihren Blick auf die Dokumente richten. Mit ihrem Aufblicken zeigen sie hingegen ihre Aufnahmebereitschaft (recipiency) an. Wir unterscheiden das Anzeigen von Verfügbarkeit, d.h. einer Handlung, die dem Rezipienten eine Reihe undifferenzierter Möglichkeiten bietet, Handlungen zu beginnen, von dem Anzeigen von Empfangsbereitschaft, d.h. einem bestimmten Moment und Platz für den Rezipienten, mit einer konkreten Handlung zu reagieren« (Heath 1986: 33).

Die ärztliche Blickführung in der Eröffnung der Konsultation dient der Anzeige von *recipiency*. Indem sich der Arzt abwendet und seinen Blick auf die Krankenakten lenkt, nimmt er sich aus der Konsultation heraus und zeigt seine momentane Unverfügbarkeit für die soziale Interaktion an.

Bemerkenswerterweise tritt mit Heaths Fokus auf die Ersetzung von Papier-Krankenakten durch Computer im Rahmen der Arztvisiten schon in diesen frühen Forschungen die Interaktionsrelevanz von Artefakten in den analytischen Fokus, die später in den ›Workplace-Studies‹ (Heath & Knoblauch 1999, Luff et al. 2000) herausragende Aufmerksamkeit genießen werden. In den Workplace Studies werden vor allem Arbeitsaktivitäten an hochtechnologisierten Arbeitsplätzen wie U-Bahnleitstellen, Operationssälen oder Flughafenkontrollzentren mithilfe ethnomethodologisch inspirierter Videoanalyse erforscht (Heath & Knoblauch 1999, Luff et al. 2000). Schrittweise ist dabei eine stärkere methodische Beachtung ethnographischer Aspekte zu beobachten, die zu einer Abschwächung situationistischer und linguistischer Vereinseitigungen geführt hat und diesen Methodenansatz auch für die breitere qualitative Forschung rezeptionsfähig werden lässt.[26]

Heath vertritt die Auffassung, dass Ethnomethodologie und Konversationsanalyse treffliche Ausgangspunkte für die Videoanalysen bieten, weil sie sich vor allem mit den in situ-Aspekten des menschlichen Verhaltens befassen, den Forschern einen privilegierten Zugang zu ihrem Objekt ermöglichen und es der Soziologie erlauben, die *Verknüpfung* visueller, materialer und sprachlicher Aspekte der Interaktion zu untersuchen (Heath 1997a). Gegen die psychologische Tradition der Erforschung nonverbalen Verhaltens grenzt er diesen Ansatz grundsätzlich ab, weil es nicht um einen »Kanal« gehe, der getrennt vom Reden und anderen Aspekten

---

26 Diese Konvergenz ist auch in der Titelwahl des als Standardwerkes geltenden jüngsten Buches aus dieser Schule angezeigt, das ausdrücklich als »Qualitative Videoanalysis« firmiert (Heath et al. 2010).

menschlicher Kommunikation betrachtet werden kann. Vielmehr zielt die Analyse auf die soziale Organisation von Handlungen und Handlungszusammenhängen durch Körper und körperliche Gegenstände (Heath 1997b). Die Forschung ist also eingebettet in die Untersuchung von Face-to-face-Interaktion und von Handlungen in Organisationen.

Eine weitere hier bedeutsame Forschungslinie bildet sich um die amerikanischen Linguisten Charles und Marjorie Goodwin, deren Forschungsinteresse an der sozialen Organisation von Gesprächen (Goodwin 1981) und der interaktiven Organisation von professionellen Praktiken des Sehens (Goodwin 2000, 1994a) kreist, die aber ebenso in Richtung breiterer organisationsethnographischer Untersuchungen weisen, wie sie in entsprechenden Studien über die Betriebsabläufe auf Großflughäfen (Goodwin & Goodwin 1996) zum Ausdruck kommen. Auch sie untersuchen mit Videoaufnahmen Körper in besonderen Situationen und versuchen, sozial relevantes Verhalten vom nichtrelevanten zu unterscheiden. Ethnomethodologisch gehen sie davon aus, dass dies nicht ein verborgener kognitiver Vorgang, sondern ein Aushandlungsprozess unter den Beteiligten ist. Jene machen selbst deutlich, was sozial relevant ist (Goodwin 1986).

Zusammengefasst geht es in der ethnomethodologisch fundierten Videoanalyse *methodologisch* um zwei Kernpunkte: (1) Um die Bestimmung der Ressourcen, des Wissens und der praktischen Überlegungen, die von den Handelnden selbst bei der Hervorbringung ihrer *in situ* stattfindenden sozialen Handlungen und Aktivitäten verfolgt werden. (2) Um die Erforschung und Ausnutzung der sequenziellen Ordnung der Handlungen, deren minutiöse Rekonstruktion dazu dient herauszufinden, wie sich die Handelnden aneinander orientieren und ihre Interaktionen miteinander koordinieren. Alle diese Vorgehensweisen sind von einem ethnomethodologischen Verständnis der Sequenzanalyse geprägt (Bergmann 1981, Have 1999). Hier handelt es sich um eine Form der Sequenzanalyse, die an »natürlichem« akustischem Material erprobt und auf audiovisuelle Daten übertragen wurde (Peräkylä 2006).

Der Einbezug zeitlich simultaner Aspekte stellt für die Videoanalyse noch eine große Aufgabe dar. Visuelle und taktile Elemente menschlichen Verhaltens sowie räumliche Merkmale spiegeln nicht die sequentielle Redezugorganisation wider. Vielmehr sind in den Videodaten eine Reihe von visuellen Elementen enthalten, die dauerhaft die Interaktion begleiten und sich nicht in eine sequenzielle Ordnung eingliedern lassen, gleichwohl aber analytisch höchst relevant sind. Zur besseren Erfassung der simultanen Aspekte wird die ethnomethodologische Sequenzanalyse von Videos etwa von Goodwin (2000) mit semiotischen Verfahren kombiniert. Eine Verbindung mit hermeneutischen Verfahren schlägt Schnettler (2001) vor,

Analyse

während Knoblauch (2006) dafür plädiert, die Videoanalyse mit der Ethnographie zu verbinden. Eine stärkere Fokussierung auf einzelne Aspekte des Visuellen (Gesten, Mimik oder Prosodie) ist Kennzeichen der vor allem innerhalb der Linguistik verbreiteten Analyse ›multimodaler Kommunikation‹ (Mondada & Schmitt 2010, Kress 2010).

> **Infobox: Sequenz und Sequenzialität**
>
> In den verschiedenen Varianten der Videoanalyse – der hermeneutischen, der dokumentarischen und der konversationsanalytisch informierten Videointeraktionsanalyse – wird der Sequenzbegriff sehr unterschiedlich verwendet. Das stiftet mitunter große Verwirrung. Daher sollen die verschiedenen Verwendungsweisen hier einander gegenüber gestellt werden.[27]
>
> Unabhängig von den speziellen Konzepten bezeichnet der Sequenzbegriff ganz allgemein einen zeitlichen Ablauf aufeinanderfolgender Elemente. Die verschiedenen Verfahren der Videoanalyse meinen damit aber sehr unterschiedliche Elemente. Zur Kontrastierung seien sie kurz dargestellt:
>
> - Im ersten Fall bezeichnet ›Sequenz‹ lediglich eine Abfolge von Bildern. Diese Bilder werden aus dem Rohmaterial, etwa einem Film oder einer Fernsehsendung, herausgelöst und im Analyseprozess »Bild für Bild« in der Reihenfolge ihres Ablaufes interpretiert. Ein solches Vorgehen findet sich häufig in hermeneutischen Verfahren (Raab 2008) und ebenso in der Dokumentarischen Methode (Bohnsack 2009). Sequenz bedeutet hier also eine Reihe aufeinanderfolgender Einzelbilder. Die genaue Auswahl der zu analysierenden Bilder wird von den Forschenden festgelegt (z.B. alle zwei Sekunden ein Standbild aus dem Videomaterial) oder im Extremfall von den technischen Gegebenheiten des Videomaterials übernommen (z.B. 24 Bilder pro Sekunde, die man nach und nach auswertet). Häufig werden zur Analyse Partitur-Darstellungen verwendet, die beispielsweise mit der Software MoviQ oder mit der Feldpartitur[28] erstellt werden. Diese Form der Analyse ist also ein methodisches Verfahren, bei dem die Sequenzialität vornehmlich als Auswertungsprinzip aufgefasst wird. Die Forschenden folgen in ihrer Interpretation zwar der Ablauflogik des Materials. Diese Sequenzanalyse ist jedoch vor allem eine methodologische Verfahrensweise der Materialauslegung, also auf der Ebene der wissenschaftlichen Konstruktion zweiter Ordnung angesiedelt. Sie dient vor allem dazu, das im Material enthaltene Sinnpotenzial aufzuschließen.
> - Im zweiten Verständnis wird der Sequenzbegriff ganz anders verwendet. Sequenzen bezeichnen hier nicht vom Forscher festgelegte Bildfolgen aus dem Videomaterial, sondern in den ›produzierten‹ Aufnahmen vorhandene sinnhafte Einheiten. Bei dem hier untersuchten audiovisuellen Material handelt es sich immer um medial aufgearbeitete Produkte, also etwa geschnittene Videos,

---

27 Für eine ausführlichere Erläuterung und tiefergehende Diskussion vgl. Maiwald (2005).
28 Zur Feldpartitur vgl. die in dieser Reihe erschienene Publikation von Moritz (2011).

Videographie

Fernsehsendungen oder auch Amateurvideos, die in ihrer meist etwas längeren Struktur aus verschiedenen sinnhaften Teilen aufgebaut sind. Diese verschiedenen Abschnitte werden als Sequenzen verstanden. Sequenz bezeichnet hier also eine sinnhafte Einheit im medialen Produkt. So kann z.B. ein Kameraschwenk über die Landschaft oder die Einblendung eines »Talking Heads« in einer Filmproduktion eine solche Sequenz darstellen. Insbesondere Reichertz & Englert (2010) gehen auf diese Variante der Sequenz ein und untersuchen, wie Schnitt und Filmtechnik eingesetzt werden, um bestimmte kommunikative Wirkungen zu entfalten. In diesem Verständnis werden die Sequenzen also nicht durch die Forschenden als Prinzip an das Material herangetragen, sondern sind bereits in die Medienprodukte eingebaut – und zwar nicht als abstraktes Prinzip, sondern ganz konkret durch Produzenten, die mittels bestimmter Handlungen (Produktion, Schnitt) eine Sinnschicht in das Videomaterial hineingelegt haben. Die Analyse der Schnitte, der Kameraeinstellungen – kurz des Kamerahandelns – kann also Auskunft über das Produzentenhandeln geben. Das Prinzip der Sequenzialität ist nicht nur ein methodisches, sondern die »produzierte Sequenzialität« bildet sich auch in den Analyseeinheiten ab.

- Im dritten Fall, der in diesem Buch weiter vertieft wird, konzentriert sich die Sequenzanalyse auf die Geschehensabläufe selbst, nicht deren mediale Darstellung. Forschende gehen hier davon aus, dass das Handeln der aufgezeichneten Akteure selbst einer bestimmten Sequenzialität folgt. In den aufeinanderfolgenden abgebildeten Interaktionszügen – nicht in den aufeinanderfolgenden Einzelbildern – findet sich eine sequenziell organisierte Struktur, die die Beobachtenden rekonstruieren können. Informiert durch die ethnomethodologische Konversationsanalyse legen wir die Annahme zugrunde, dass die Akteure ihr Handeln selbst bereits methodisch organisieren (»Methodizität«). Im Alltagshandeln werden durch die Akteure sinnhafte Sequenzen gebildet (»Geordnetheit«), die von ihnen systematisch reproduziert werde können und in ihrem Vollzug zugleich verständlich gemacht werden (»Reflexivität«). In der Konversationsanalyse, aus der diese Prinzipien abgeleitet sind, wurden die verschiedenen Turns, ihre Aufeinanderfolge und sinnhafte Ordnung ausführlich auf der Grundlage auditiver Daten analysiert. Dieser dritte Begriff wird uns im Kapitel zur Videointeraktionsanalyse zentral begleiten. Eine Konsequenz dieser Prämisse ist, dass die Analyse von Einzelbildern eine untergeordnete Rolle spielt und die Auswertung vor allem direkt am laufenden Video durchgeführt wird, welches nicht selbst Forschungsgegenstand sondern Hilfsmittel zur Analyse von Interaktionen darstellt. Sequenzanalyse bezieht sich in diesem Fall also auf die Rekonstruktion der zeitlichen Ordnung der abgefilmten Geschehensabläufe.

Übungsfragen

→ Wo liegen die Unterschiede zwischen **standardisierender** und **interpretierender** Vorgehensweise?
→ Wo liegen die Unterschiede zwischen der **Videographie** und der Analyse von **audiovisuellen medialen Produkten** (wie etwa TV Sendungen)?
→ Welche Forschungsfragen können mit **hermeneutischen** Videoanalyseerfahren, mit der **Dokumentarischen Methode** und mit der **Videointeraktionsanalyse** jeweils behandelt werden?
→ Für welche **Forschungsdaten** eignen sich welche Verfahren?
→ Erläutern Sie die für die Videointeraktionsanalyse bedeutsamen Annahmen der **Ethnomethodologie**.

5 Videographie

In diesem Kapitel wird die Erhebung von Videodaten im Forschungsfeld und der weitere Umgang mit diesen Daten angesprochen. Besonderes Augenmerk wird hierbei auf die Funktion der Ethnographie und ihre Verknüpfung mit der Videoanalyse im Rahmen der fokussierten Ethnographie gelegt. Im Kontext dieser Darstellung werden auch rechtliche Probleme angesprochen; zudem sollen handwerkliche Probleme des Aufzeichnens mit der Kamera behandelt und an einigen Beispielen erläutert werden. Bevor wir uns im nächsten Kapitel der Transkription zuwenden, wird hier die Aufarbeitung der Daten und das Sampling thematisiert.

Kern und Titel dieses Buches ist die Videographie – ein Verfahren, das wir als Forschende nutzen, um das kommunikativ aufeinander bezogene Handeln – die Interaktion – von Akteuren in verschiedenen Situationen zu untersuchen. Wie im Abschnitt über Entwicklung und Geschichte audiovisueller Analysen gezeigt (vgl. oben Kapitel 2), blicken wir hierbei auf eine breite Tradition von Analysen in der Verhaltensforschung oder auch von Analysen von Ritualen in uns mehr oder weniger fremden Kulturen zurück. Zentrales Merkmal der Videographie im Gegensatz zu anderen Verfahren, die sich mit visuellen Daten beschäftigen, ist, dass der Fokus auf der Interaktion liegt und nicht etwa auf medialen Produkten und ihren Wirkungen (die Differenz wurde in Kap. 3 und 4 geklärt).

Videographie bezeichnet die Verknüpfung von ethnographischer *Feldarbeit* mit Analysen von Videoaufzeichnungen »natürlicher« Interaktionen. Bevor wir genauer auf die Auswertung der in der Videographie gewonnenen Daten eingehen, soll in diesem Kapitel geklärt werden, welche Form von Ethnographie wir in der Soziologie gegenwärtig betreiben, welche Situationen wir eigentlich sinnvollerweise aufzeichnen, wo der Fokus liegt und wie wir die Daten anschließend auswählen und für die Feinanalyse vorbereiten.

Fokussierte Ethnographie

Einerlei wo wir Interaktionen untersuchen wollen – in der Welt der Physiker oder der Hebammen, in Meetings oder auf der Baustelle, beim Tanz oder Musizieren – immer finden die Interaktionen in einem Kontext statt, den wir ebenso verstehen müssen wie das, was darin geschieht. Es gibt bestimmte architektonische Eigenschaften des Ortes, institutionelle Regeln und möglicherweise ein spezifisches Sonderwissen, das die Akteure in die

Videographie

Interaktion mit Anderen einbringen. Voraussetzung einer jeden Videoanalyse ist deswegen eine intime Kenntnis des Feldes, in dem die Aufzeichnung stattfinden soll: Ob man in der Leitstelle einer Untergrundbahn, in einer Drogenberatungsstelle oder einem Kindergarten Videoaufnahmen anfertigt – immer sollte man sich über die Art der Einrichtung, die man untersucht, wie auch über die spezifischen Örtlichkeiten und zeitlichen Abläufe kundig gemacht haben. Ein Teil dieses Wissen kann mittels Recherchen erworben werden, doch ist die Beobachtung des Feldes unerlässlich, um die Perspektive der Teilnehmenden zu berücksichtigen.

Konventionelle Ethnographie	Fokussierte Ethnographie
Dauer der Feldphase	
langfristigere Feldaufenthalte	kurzfristigere Feldaufenthalte
Datengenerierung	
Schreiben von Feldnotizen und -tagebüchern	Aufzeichnen von Situationen (und ergänzende Feldnotizen)
Auswertung	
Solitäre Erhebung und Auswertung	Datensitzung in Forschergruppen
Forschungsfrage	
»offen«: wird im Feld generiert	fokussiert auf kommunikative Aktivitäten
Ziel der Feldforschung	
Sammeln und Verarbeiten von Erfahrungen, Erlangung des Insiderwissens	Analyse von Interaktionssituationen und Erfassung des Hintergrundwissens, um diese zu interpretieren

Abbildung 4: Gegenüberstellung von ›konventioneller‹ und ›fokussierter‹ Ethnographie (basierend auf Knoblauch 2001)

Analyse

Bei der Beobachtung wird ein Feldprotokoll erstellt, um spontane Eindrücke fixieren zu können. Überdies werden Interviews durchgeführt und Dokumente des Feldes gesammelt. Eine solche Erschließung des Feldes können wir in einem allgemeinen Sinne als »Ethnographie« bezeichnen. Als Forschende, die in einer uns zumindest alltäglich vertrauten Gesellschaft leben, können wir auf unser Wissen, das wir über unsere Gesellschaft haben, zurückgreifen – sei es auf alltägliches Wissen, das wir explizieren und reflektieren, oder seien es Kenntnisse über das Feld, die wir aus der Literatur oder anderen Quellen erhalten können. Diese Situation unterscheidet sich erheblich von der der Ethnologen, die sich zu völlig fremden Kulturen aufmachen. In unserer eigenen Gesellschaft mag zwar auch Unkenntnis vorhanden sein, wenn wir uns in unbekannten Feldern bewegen. Dennoch gibt es vermutlich nur weniges, was uns wirklich fremd ist: Was uns möglicherweise fehlt, ist ein bestimmtes Sonderwissen der zu untersuchenden sozialen Welt. Wir kennen nicht die Sondersprache der Quantenphysiker oder Neurobiologen, nicht die Praktiken von Hebammen oder Sozialarbeitern und möglicherweise hören sich auch die Gespräche von Computerspielern oder Musikern zunächst unverständlich an – aber nur, wenn sie über ihren Gegenstand sprechen. Um diese Sonderkenntnisse zu erwerben, müssen wir Zeit im Feld verbringen, möglicherweise etwas nachlernen, vor allem mit den Menschen sprechen, ihre Tätigkeit gegebenenfalls auch einmal selbst ausführen, um zu sehen, wie dies und jenes funktioniert und wie die subjektive Erfahrung des Computerspielens, des harten Arbeitsalltags des U-Bahn Kontrolleurs oder des »Jammens«, aussieht. Wir müssen aber nicht den ganzen Tag mit den Akteuren verbringen oder sie gar über Wochen und Monaten begleiten. Das Interesse der Videointeraktionsanalyse richtet sich auf bestimmte Interaktionsformen. Dafür ist das Frühstücksmüsli des Quantenphysikers sicherlich irrelevant. Wir müssen also nicht, wie es Ethnologen tun, mit den Akteuren gemeinsam den ganzen Tag (und die Nacht) verbringen, sondern treffen sie an ausgewählten Orten zu bestimmten Zeiten und in konkreten Kontexten, die für uns von Interesse sind. Dies kann zum Beispiel der Arbeitsalltag, der Schulunterricht, das abendliche Konzert oder die LAN-Party sein. Diese Variante der Feldforschung kann auf eine eigene Tradition innerhalb der Soziologie zurückblicken. Knoblauch (2001) hat sie als »fokussierte Ethnographie« bezeichnet.[29] Ihre Eigenheiten lassen sich am einfachsten im Kontrast zur »konventionellen« Ethnographie er-

---

29 Für einen vertiefenden Einblick in die begleitende Diskussion vgl. Knoblauch (2001), die Kritik von Hirschauer & Breidenstein (2002) sowie die Entgegnung von Knoblauch (2002).

Videographie

läutern (s. Abb. 4). Anders als konventionelle Feldforschung mit Stift und Papier basiert die Videographie als ›fokussierte Ethnographie‹ mit Video hinsichtlich ihrer Hauptdaten auf technischen Aufzeichnung und deren gründlicher Auswertung in einer Forschergruppe. Wichtig ist anzumerken, dass auch diese Herangehensweise durchaus umfangreich und zeitintensiv sein kann, wenn das Feld es erfordert. Es ist keine Ausrede, die Arbeit »Quick'n'Dirty« zu machen. Wegen der Aufzeichnung auf Video lassen sich aber einige Arbeitsschritte, die üblicherweise im Feld erfolgen, in die spätere Analysephase verlagern.

Feldzugang

Um überhaupt Videodaten erhalten zu können, müssen wir zunächst Zugang zum Feld erlangen. Unserer Erfahrung nach haben die meisten Feldzugänge ihre Tücken und Probleme, sodass man umsichtig vorgehen muss. Die Menschen, die wir bei ihren mehr oder weniger alltäglichen Interaktionen filmen möchten, reagieren auf Soziologen, die fordernd ins Feld kommen, ihre Nase überall hineinstecken, nur vage Auskunft über ihre Interessen geben und ihnen die Kamera direkt unter die Nase halten, möglicherweise skeptisch und völlig zu Recht ablehnend. Es bedarf also einiges Fingerspitzengefühls. Andererseits sind viele Menschen sehr gerne hilfreich, offen und sogar neugierig darauf, was Soziologen tun und was sie möglicherweise herausfinden. Es gilt also, mittels feinfühliger Kommunikationsarbeit das Feld zu erschließen. In mancherlei Kontext mag schließlich zwar Bereitschaft vorhanden sein, an der Studie mitzuwirken, formale Regelungen und rechtliche Vorkehrungen Videoaufnahmen jedoch möglicherweise erschweren.

Wir können nur allgemeine Hinweise zum Feldzugang geben, weil er sich immer unterschiedlich gestaltet. Als Faustregel sei aber auf Folgendes hingewiesen: Es gilt zunächst zu unterscheiden, wer und wo gefilmt wird. Sind öffentliche Plätze und Veranstaltungen meist noch relativ unproblematisch (hier wird auch von Kamerateams und Touristen häufig gefilmt), wird es in geschlossenen Bereichen und bei Fokussierung auf einzelne, identifizierbare Personen schwieriger. In den meisten Kontexten ist es deshalb unerlässlich, die Beteiligten über die Forschungstätigkeit aufzuklären und ihre Zustimmung einzuholen (›informed consent‹, s.u.). Hierbei ist es wichtig, mit offenen Karten, d.h. ehrlich und dem Feld angemessen aufzutreten und die potentiellen Beteiligten über das eigene Ziel zu informieren. Dies fordern nicht nur rechtliche Bestimmungen und die professionelle Forschungsethik (siehe Infobox S. 67), sondern auch der Wunsch nach nachhaltiger und erfolgversprechender Arbeit im Feld.

Analyse

Infobox: Forschungsethik

Bei unserer Forschungsarbeit sind wir verpflichtet, ethische Maßstäbe einzuhalten. Grundlage hierfür ist der Ethikkodex der Deutschen Gesellschaft für Soziologie (DGS), der in Bezug auf die empirische Forschung Leitlinien festlegt (siehe www.soziologie.de unter Ethik Kodex, Abschnitt B). Insbesondere ist es Aufgabe von Forschenden, die Persönlichkeitsrechte aller Beteiligten und Untersuchten zu wahren. Dabei sind folgende Punkte zu beachten:

- Die Beteiligung an unseren Untersuchungen muss freiwillig sein. Die Teilnahme findet auf Grundlage einer möglichst ausführlichen Information über Ziele und Methoden des entsprechenden Forschungsvorhabens statt (›Informed Consent‹). Wenn keine Vorab-Information möglich ist, müssen die Forschenden nach anderen Lösungen suchen.
- Insbesondere muss hierbei darauf geachtet werden, Personen entsprechend ihres Bildungsstands in Kenntnis zu setzen (z.B. ist bei Kindern angemessene Information und Einbeziehung der Eltern notwendig)
- Es ist wichtig darauf zu achten, dass den Beobachteten durch die Auswertung oder Teilnahme an der Forschung keine Nachteile entstehen.
- Hierzu ist es nötig die Anonymität der befragten oder untersuchten Personen angemessen zu wahren.
- Die Forschungsdaten müssen sicher verwahrt und von unberechtigtem Zugriff durch Dritte gesichert werden. Das gilt insbesondere auch für digital vorliegende Daten und natürlich auch für Videoaufzeichnungen.
- Wenn weitere Personen in den Forschungsprozess einbezogen werden (Hilfskräfte, Datensitzungen, Transkribierende) müssen diese sich auch nach obenstehenden Regelungen richten.

Rechtliche Regelungen

Neben den ethischen Selbstverpflichtungen der Fachgemeinschaft bestehen auch rechtliche Regelungen, die in Bezug auf die Forschung Anwendung finden. Allerdings ist die Rechtslage weder eindeutig noch existieren einheitliche Vorschriften. Dies gilt im internationalen Vergleich verstärkt. Wir beziehen uns auf die Gesetzeslage in Deutschland. Hier bewegen sich die auf Forschung Anwendung findenden Regelungen momentan in einer Grauzone – es stehen sich zwei Rechte gegenüber: einerseits das Recht auf Freiheit der Forschung und andererseits das Persönlichkeitsrecht, bzw. das davon abgeleitete Recht am eigenen Bild. Allgemein gilt sowohl:

»Kunst und Wissenschaft, Forschung und Lehre sind frei« (Art. 5 Abs. 3 Grundgesetz)

als auch:

»Bildnisse dürfen nur mit Einwilligung des Abgebildeten verbreitet oder öffentlich zur Schau gestellt werden. Die Einwilligung gilt im Zweifel als erteilt, wenn der Abgebildete dafür, daß er sich abbilden ließ, eine Entlohnung erhielt. Nach dem Tode des Abgebildeten bedarf es bis zum Ablaufe von 10 Jahren der Einwilligung der Angehörigen des Abgebildeten. Angehörige im Sinne dieses Gesetzes sind

Videographie

der überlebende Ehegatte oder Lebenspartner und die Kinder des Abgebildeten und, wenn weder ein Ehegatte oder Lebenspartner noch Kinder vorhanden sind, die Eltern des Abgebildeten« (§ 22 KunstUrhG).

Jedoch schränkt § 23 des KunstUrhG den Geltungsbereich des vorigen Paragraphen selbst wieder ein, sodass gerade im öffentlichen Raum die Abbildung von Personen in den folgenden Fälle als genehmigt gelten darf:

(1) Ohne die nach § 22 erforderliche Einwilligung dürfen verbreitet und zur Schau gestellt werden:

1. *Bildnisse aus dem Bereiche der Zeitgeschichte;*
2. *Bilder, auf denen die Personen nur als Beiwerk neben einer Landschaft oder sonstigen Örtlichkeit erscheinen;*
3. *Bilder von Versammlungen, Aufzügen und ähnlichen Vorgängen, an denen die dargestellten Personen teilgenommen haben;*
4. *Bildnisse, die nicht auf Bestellung angefertigt sind, sofern die Verbreitung oder Schaustellung einem höheren Interesse der Kunst dient.*

(2) Die Befugnis erstreckt sich jedoch nicht auf eine Verbreitung und Schaustellung, durch die ein berechtigtes Interesse des Abgebildeten oder, falls dieser verstorben ist, seiner Angehörigen verletzt wird.

Für die soziologische Forschung gilt, dass diese Gesetze zu beachten sind, jedoch auch, dass es ihr selbstredend nicht um Verbreitung und Zurschaustellung, sondern um Forschungszwecke geht. Die Frage, ob die Videos einer breiteren Öffentlichkeit zugänglich gemacht werden dürfen – bzw. in welcher Form –, stellt sich meist erst bei Abschluss der Forschung, sowie bei Erstellung der Publikationen. Hier kann durch eine geschickte Anonymisierung und Bearbeitung das Problem der Darstellung von einzelnen Personen gelöst werden.

Diese Regelungen gelten zunächst für öffentliche, und halböffentliche Räume. Es gilt aber zu bedenken, dass es weiterhin eine gesondert geschützte Privatsphäre gibt, die sich auf die Wohnung und andere intime Situationen erstreckt. Insbesondere der private Raum ist mittlerweile besonders geschützt, nach §201a des Strafgesetzbuches (StGB) ist ein Verstoß (also das versteckte Filmen in der Privatsphäre) eine kriminelle Handlung.

Da die wenigsten Forscher an Konflikten interessiert sein sollten, raten wir dazu, wo immer möglich die Zustimmung der Beteiligten zu sichern, um möglichen Konflikten von vornherein aus dem Weg zu gehen.

Um die Beteiligten davon zu überzeugen, in ihren Kontexten videographisch arbeiten zu können, sollten sie darüber informiert werden, was man vorhat, und dem zustimmen (»informed consent«). Diese Information sollte so gestaltet sein, dass sie die Beteiligten einerseits klar und ehrlich über die Verwendung der Daten zu Forschungszwecken aufklärt, ihre Bedenken hinsichtlich der Aufnahme zerstreut und andererseits eine für außenstehende unverständliche Fachsprache vermeidet. Heath, Luff &

Analyse

Hindmarsh (2010) geben in ihrer Einführung eine Reihe sehr hilfreicher Hinweise. So hat es sich bewährt, das eigene Forschungsvorhaben in Form einer kleinen Präsentation *im Feld* vorzustellen. Hierbei können die unten genannten Punkte erläutert und auch andere Datenbeispiele gezeigt werden, um Befürchtungen zu entkräften (Auf Möglichkeiten der Anonymisierung gehen wir in Kap. 8 ein). Ein Anschreiben, das wie folgt aussehen könnte, sollte diese öffentliche Vorstellung der Forschung im Feld entweder begleiten oder aber ihr vorangehen:

Beispiel eines Anschreiben zur Forschungseinwilligung (›informed consent‹)

Sehr geehrte Damen und Herren,

im Rahmen einer soziologischen Forschungsarbeit über _____ , die an der Universität / Einrichtung ____ durchgeführt wird, würde ich gerne bei Ihnen Videoaufnahmen anfertigen. Das Ziel der Forschung ist ____ und die Ergebnisse sind vielleicht auch für Sie/Ihre Institution interessant, weil ____. Ich würde Sie bitten, mir die Forschung zu ermöglichen und Videoaufzeichnungen zu erlauben. Die Daten werden nur zu wissenschaftlichen Zwecken verwendet und Ausschnitte nur in anonymisierter Form oder nach Rücksprache mit Ihnen in wissenschaftlichen Schriften veröffentlicht. Sie können jederzeit ohne Angabe von Gründen von dieser Einverständnis zurücktreten.

Für Nachfragen oder nähere Informationen steht Ihnen ____ (Telefon/Mail) gerne zur Verfügung

Herzlichen Dank,

Unterschrift ____

> Oft ist es sinnvoll, sich auch Kontaktdaten mit angeben zu lassen (z.B. für spätere Nachfragen bzgl. Datenfreigabe).

Ihre Einverständnis: Unterschrift ____

Zusätzlich zu den im Beispielanschreiben oben dargestellten Inhalten sollten auch die Gründe für die Zuwendung zu diesem Feld geklärt werden:

- Warum dieses Feld?
- Warum ist die Forschungsfrage relevant?
- Welchen Nutzen können die Ergebnisse der Untersuchung für das Feld haben?

Häufig haben unterschiedliche Beteiligte unterschiedliche Bedenken. Die einen werden einfach ungern gefilmt, weil sie denken, sie könnten sich vor der Kamera »blamieren« oder in ein schlechtes Licht geraten. Diese Befürchtung lässt sich meist entkräften, wenn erklärt wird, dass es nicht um die Analyse der einzelnen Person, sondern um Interaktionen und Aktivitäten geht. Heikel ist dies insbesondere auch in Arbeitskontexten, in welchen Beschäftigte häufig misstrauisch gegenüber der vermeintlichen Kontrolle durch Externe sind: Hier hilft die Zusicherung, dass die Aufnahmen

Videographie

sowie personenrelevante Daten und Erkenntnisse nicht weitergegeben werden, auch nicht etwa an die Geschäftsleitung. Absprachen dieser Art sollten schriftlich vereinbart werden, um beiden Seiten Sicherheit zu geben. In Organisationen wird häufig ohnehin ein Geheimhaltungsvertrag geschlossen, in dem zugesichert wird, die Videos sowie Organisationsgeheimnisse nicht weiterzugeben. Solche Verträge schaffen Vertrauen auf beiden Seiten. Den Gefilmten sollte das Recht eingeräumt werden, jederzeit zurückzutreten und die Daten löschen zu lassen. Bei der Unterzeichnung ist darauf zu achten, Vereinbarungen über eine Nutzung der Aufzeichnungen zu »Lehr- und Forschungszwecken« und für Datensitzungen in kleinem Rahmen mit aufzunehmen. Nützlich sind außerdem Regelungen zur späteren Publikation von Datenauszügen, für die ggf. gesonderte Rücksprache und Zustimmung nötig werden kann. Gerade Unternehmen haben anfangs häufig Sorge, dass Betriebsgeheimnisse in die Öffentlichkeit oder zu Konkurrenten gelangen. Später stellen sie aber oft fest, dass die aufgezeichneten Daten gar keine Geheimnisse enthalten oder leicht anonymisiert werden können. Mit dem Angebot einer externen Reflektion und einer Abschlusspräsentation lässt sich hier häufig Zugang sichern. Eine weitere Befürchtung ist, der Forscher könne Umstände machen, da keine richtige »Feldrolle« existiere: *Wer kümmert sich um den Forscher? Muss man dem dauernd etwas zeigen? Hält der uns von der Arbeit ab!?* Diese Fragen treten typischerweise auf. Die dahinterliegenden Befürchtungen sollte man von vornherein ausräumen, z.B. indem man eine Praktikantenrolle einnimmt und mitarbeitet oder, sofern das unmöglich ist, zumindest verspricht, nicht im Wege zu stehen.

In bestimmten Kontexten treten andere Probleme auf: Wenn zum Beispiel Kinder beteiligt sind, gilt es, das Einverständnis der Eltern einzuholen und gleichzeitig die im Kontext (z.B. der Schule) bereits vorhandenen Regelungen zu berücksichtigen. Häufig sind für andere Arten von Videoaufzeichnung schon bestimmte Direktiven vorhanden. Manchmal lassen sich diese nutzen. Leider passiert es aber oft, dass sie einen ganz anderen Bezug besitzen und sich zum Beispiel auf Fernsehausstrahlungen beziehen. Aus Unsicherheit werden sie dann als Abweisungsgrund vorgeschoben. Aus Großbritannien ist ein anderer Fall bekannt. Hier wurde die sozialwissenschaftliche Forschung in medizinischen Einrichtungen durch vorschnelle Einberufung von Ethik-Kommissionen sehr stark verkompliziert, obwohl jene eigentlich für die medizinische Forschung gedacht waren.

Selbst wenn der Zugang genehmigt wird, sollte im Feld weiterhin umsichtig vorgegangen werden. Gerade wenn die Beteiligten skeptisch sind, bietet es sich an, zunächst ohne Kamera oder Aufzeichnungsgeräte im Feld anwesend zu sein und mit den Beteiligten zu sprechen (wenn Sie Zeit dazu haben), ihnen zuzusehen und Interesse für das aufzubringen, was sie da tun. Hierbei kann es helfen, das Interesse am Sonderwissen, an der Expertise der Gefilmten, zu betonen. Fragen der praktischen Realisierung, wie etwa der Veränderung des Raumes (z.B. durch das Aufstellen der Kameras in einem Museum) müssen häufig mit verantwortlichen Personen innerhalb der Organisation geklärt werden. Hierbei sollte man mit Feingefühl vorgehen. Die ablaufenden Verhandlungen kann man jedoch bereits als Teil der Ethnographie betrachten und sollte sie entsprechend reflektieren.

Aufzeichnung, Ethnographie & Fragestellung

Ist man nun im Feld angelangt und kann mit der Arbeit beginnen, stellt sich zunächst die Frage: Was interessiert mich hier eigentlich? Erste Schritte können zum Beispiel sein, eine kleine Beschreibung, ein kleines »Inventar« der Situation etwa über folgende Fragen anzufertigen: Wie sieht der Ort, der untersucht wird, aus (kleine Zeichnung), welche Akteure sind beteiligt (kurze Beschreibung), mit welchen Dingen gehen sie um (Liste), und wer interagiert mit wem (Beobachtungsprotokoll). Anhand der eigenen Fragestellung kann man nun beginnen, das, was geschieht, genauer zu beobachten. Häufig denkt man sich: »Ich weiß doch schon, was hier geschieht, das ist doch ganz normal«. Genau in diesen Momenten gilt es, innezuhalten und sich zu fragen, wie diese Vertrautheit mit dem eigenen Vorwissen zusammenhängt und was man eigentlich herausfinden möchte; gegebenenfalls sollte man solche Felderfahrungen aufzeichnen, denn dadurch entsteht ein Befremdungseffekt, der das Wissen zu explizieren hilft (Amann 1997). Im Falle unvertrauter Felder ist eine intensive Ethnographie angezeigt, in der die Forschenden das notwendige Wissen erwerben, um die Daten verstehen zu können. Übrigens muss auch dies keineswegs linear erworben werden; wer einmal das lokale Feld ausreichend kennt, kann häufig gezielt – und vom Video unterstützt – Wissen und Kontexte nachträglich rekonstruieren. Nach den ersten Analysen kann bei weiteren Feldaufenthalten nach neuen Situationen und Fokussierungen gesucht werden.

Die Erstellung von Aufzeichnungen folgt dem »theoretical sampling«, wie es die Grounded Theory empfiehlt (Strauss 1994: 70 ff). Dieses Sampling wird ganz entscheidend vom Wissen über das Feld getragen: Welche Arten von Einrichtungen gibt es, wie könnten sie die Situationen variieren, von was unterscheiden sie sich – all diese Fragen sind ganz entscheidend von unserem Wissen über das Feld abhängig, das im Rahmen ethnographischer Forschung erkundet wird. Dabei sollten keine unnötigen Abgrenzungen zur quantitativen Forschung aufgebaut werden, bieten doch

Videographie

auch Statistiken und quantitative Untersuchungen häufig gute Hinweise auf ethnographisch relevante Sachverhalte.

Freilich sollte man bedenken, dass die Videographie keineswegs eine Ethnographie zum Ziel hat. Vielmehr geht es uns um die Analyse von Interaktionen. Aus diesem Grunde nennen wir die methodische Beschäftigung mit den audiovisuellen Aufzeichnungen ja auch Videointeraktionsanalyse. Der Fokus der Videoaufnahme ist also immer die Interaktion zwischen Akteuren. Diese positionieren sich zueinander (wir erinnern hier nochmal an die Beschreibungen der Proxemik und Kontextanalyse, siehe Kapitel 3, S. 20), aufeinander oder mit Bezug auf ein gemeinsames Objekt des Interesses. Im Fokus der Forscherkamera stehen sowohl in visuell-räumlicher wie auch in zeitlicher Hinsicht eben genau diese Situationen. Was zur Situation gehört und was nicht, ist durch Beobachtung zu erkennen.

Die Interaktionen müssen dabei keineswegs nur an einem Ort stattfinden; hatte sich schon die Konversationsanalyse mit telefonisch vermittelter akustischer Kommunikation beschäftigt, so ist, wie wir gesehen haben, auch die über Computerbildschirme, Telefone oder andere technische Geräte und Medien vermittelte Kommunikation Gegenstand der Videoanalyse. Im Grunde können auch einzelne Handelnde untersucht werden, wenn wir davon ausgehen, dass ihr Verhalten eine Form der Kommunikation darstellt. So hat etwa Streeck (1993) die Arten der »Selbstberührung« von Akteuren visuell untersucht. Wir folgen hier der Vorstellung Erving Goffmans, dass im Grunde jedes Verhalten von Einzelnen so durchgeführt wird, als wäre es auf Andere bezogen – selbst wenn wir einsam handeln. Von Goffman stammt auch die engere Vorstellung der Fokussierung, die unsere Aufzeichnungen leitet. Als »focused interaction« bzw. »zentrierte Interaktion« bezeichnet er (Goffman 2009: 32) jene Art von Interaktion, die stattfindet, wenn Personen sich versammeln und offensichtlich so kooperieren, dass ihre Aufmerksamkeit ganz bewusst auf einen einzigen gemeinsamen Brennpunkt gelenkt ist. Das ist z.B. typisch für eine Abfolge von Redezügen im Gespräch.

Wie auch immer wir nämlich unsere Aufzeichnungen durchführen (zu den technischen Aspekten vgl. auch hier Heath et al. 2010), so haben die Aufzeichnungen von Videointeraktionsanalysen im Regelfall genau den Fokus, den auch die aufgezeichneten Interaktionen haben. Das bedeutet, dass sich die Kameraleute bemühen müssen, diejenigen Akteure im Bild zu haben, die miteinander interagieren und an denen sich die Interaktionspartner orientieren (für Beispiele siehe Infokasten Kameraposition und Ton). So kann es nützlich sein, mehrere Kameras aufzustellen, wenn Parteien frontal zueinander angeordnet sind, wie etwa bei Publikumsveranstaltungen. Es kann auch bedeuten, dass technische Darstellungen mit

Analyse

aufgezeichnet (oder zumindest dokumentiert) werden sollten, wie etwa bei der Arbeit einer einzelnen Person am Computer oder bei der gemeinsamen Arbeit mehrerer Personen an einem interaktiven Bildschirm oder auf Papier (Streeck & Kallmeyer 2001, Heath & Luff 2000, Büscher 2005). Es kann auch dazu führen, dass eine bewegliche Handkamera benutzt werden muss, falls sich der Fokus rasch verändert, wie etwa bei der Arbeit in Operationssälen oder in Klassenzimmern (Mohn 2002, Schubert 2006b).

Infobox: Kameraposition & Ton

Anhand von eigenen Forschungsbeispielen erläutern wir nachfolgend drei typische Aufnahmesituationen und legen dar, mit welchem Verfahren Videodaten dort jeweils angefertigt wurden. Grundsätzlich ist es wichtig, verschiedene Aspekte immer klug gegeneinander abzuwägen: Vorbereitungsaufwand, Kosten für Equipment und mögliche Störung der Tätigkeit im Feld stehen dem Ziel gegenüber, möglichst hochwertige Daten zu erzielen, die sich gut analysieren lassen. Wir gehen hier vor allem auf die verwendete basale Technik ein. Avanciertere filmische Fähigkeiten wie Kameraführung oder Kadrierung sind nachgeordnet, weil es nicht um »ästhetische«, sondern um »soziologische« Aufnahmen geht. Handwerkliches Wissen zur Verbesserung der Aufnahmen ist allerdings auch nicht schädlich. Bei »handgeführter Kamera« (vgl. Mohn 2007) kann sogar etwas mehr Übung erforderlich sein. In jedem Fall erfordert die Aufnahme von Videodaten die grundsätzliche Bereitschaft, sich zumindest ein wenig mit der Aufnahmetechnik auseinanderzusetzen.

Einige zweckdienliche Hinweise zu Vorbereitungen, die schon vor Beginn der Aufzeichnungen getroffen werden sollten:

- *Es ist ratsam, alles Equipment vor dem Feldaufenthalt gründlich zu testen und eine Packliste zu erstellen.*
- *Genügend Ersatzakkus und Speicherkarten bzw. Aufzeichnungsträger sollten mitgeführt werden. Zusätzliche Batterien in Mikrophonen etc. sollten besser vor der Verwendung erprobt werden.*
- *Während der Aufnahme ist es wichtig, die korrekte Aufzeichnung des Tons von der Kamera testweise per Kopfhörer zu überprüfen.*
- *Falls die Kamera eine entsprechende Funktion besitzt, ist sie so einzurichten, dass sich der Autofokus nicht beständig umstellt, wenn z.B. jemand durch das Bild läuft.*
- *Achten Sie darauf, mit Kabeln keine Stolperfallen zu legen.*
- *Stellen Sie die Timecodes korrekt ein, um spätere Synchronisierungen zu erleichtern.*
- *Sorgen Sie schließlich dafür, dass das Equipment sowie die (möglicherweise vertraulichen!) Aufnahmen nicht abhanden kommen.*

Setting 1: Krisenübung – Raumaufnahme mit fixierter Kamera

Das erste Beispiel bezieht sich auf die Aufzeichnung einer simulierten Krisenübung, bei der verschiedene Einsatzkräfte einer Großstadt ihre Zusammenarbeit im Katastrophenfall trainierten. Das Forschungsinteresse richtete sich allerdings nicht auf

Videographie

den Umgang mit der Krise selbst. Im Fragefokus stand vielmehr, wie Menschen in Übungssituationen miteinander interagieren.

Abbildung 5: Kamerapositionierung zur Erfassung der Raumtotale
(Akteure anonymisiert)

Im Verlauf der Studie wurden die verschiedenen beteiligten Techniker, Manager der Unternehmen und weitere Experten von Polizei und Feuerwehr während der Ausführung ihrer Aufgaben gefilmt. Besondere Aufmerksamkeit galt der Binnenkommunikation innerhalb der Gruppe und ihrer Nutzung verschiedener Medien und Techniken, die neben direkten Gesprächen Computer, Flipcharts und Pinnwände umfasste. Ebenso wurde deren Außenkommunikation untersucht. Dazu wurden drei miteinander kooperierende, lokal getrennte Teams gleichzeitig gefilmt. Diese Situation ist für Videoaufzeichnungen prinzipiell gut geeignet, weil sie in einem abgeschlossenen Arbeitskontext stattfand. Kein ungebetener Passant durchquerte den Seminarraum. Befriedigende Tonaufzeichnungen waren einfach möglich, weil es keine erheblichen Störgeräusche gab. Zur Übungssteuerung vor Ort wurde von den Handelnden selbst eine Überwachungskamera eingesetzt. Wir haben uns entschieden, in diesem Raum mit einer auf Speicherkarten aufzeichnenden, feststehenden Kamera zu arbeiten. Sie wurde so eingestellt, dass in der Raumtotale die meisten Interaktionen innerhalb der Gruppe gut sichtbar aufgezeichnet werden konnten. Selbst wenn einer der Akteure der Kamera den Rücken zuwendete, blieben seine Tätigkeiten relativ gut zu rekonstruieren. Falls der Raum zu klein ist, um mit der Kamera eine Totale einzufangen, bietet sich die Verwendung eines Weitwinkelobjektivs an. Im gezeigten Beispiel stand die Kamera geschützt von einigen davor platzierten Tischen in einer Ecke des Raumes auf einem Stativ. Sie war auf Augenhöhe fixiert, sodass ihre Position in etwa der eines menschlichen Beobachters entsprach. Alle ablaufenden Geschehnisse waren auf diese Weise insgesamt gut zu erfassen. Dieser Vorzug wurde allerdings mit dem Nachteil geringer Detailauflösung erkauft. So wären in einigen Momenten Aufnahmen von den Geschehnissen auf den Computerbildschirmen oder Detailaufnahmen eingehender Faxnachrichten sinnvoll gewesen, um den Ablauf der Übung besser zu verstehen. Das war aber leider nicht möglich. Diese Daten konnten allerdings wegen der hohen Situationskontrolle als anfallende Dokumente im

Anschluss zusätzlich zu den Videoaufnahmen herangezogen werden. Diese Kopien von Emails und von den bei der Übung angefertigten Papieren sowie Fotos der benutzten Pinnwände waren hilfreiche Sekundärdaten, die bei der Analyse des Videomaterials zusätzlich genutzt werden konnten. Die Tonqualität der Aufnahme in dem Raum war gut. Trotzdem haben wir uns entschieden, auf der Kamera ein externes Mikrofon anzubringen, das auf die sprechenden Akteure fokussierte und für bessere Verständlichkeit selbst nur genuschelter Kommentare sorgte. Ein auf dem Tisch platziertes zweites Mikrophon wäre noch besser gewesen, um alle interaktionsrelevanten Gespräche und Geräusche zu erfassen.

Setting 2: Straßenmarkt – Außenaufnahme mit erhöht fixierter Kamera

Das zweite Beispiel stammt von einem Straßenmarkt in London, auf dem die Interaktion zwischen Verkäufern und Kunden in den Blick genommen werden sollte. Das Projekt der Work-Interaktion, and Technology Research Group (WIT) wurde von Dirk vom Lehn geleitet. Hier stellten sich größere Realisierungsprobleme. Zunächst war es schwierig Händler zu finden, die sich filmen ließen. Viele fürchteten, ihre Geschäfte würden sich verschlechtern oder sie forderten eine hohe Gage für

Abbildung 6: Kamerapositionierung zur Erfassung der Verkaufsinteraktion

ihren Auftritt in dem Video. Ein weiteres Problem stellte sich dadurch ein, dass der Markt sehr belebt war. Für solche Situationen bietet es sich an, sogenannte Gorilla-Stative zu verwenden, die man z.B. an Lampen oder Zäunen anbringen kann – gerne auch etwas erhöht. Im beschriebenen Fall ergab sich die Möglichkeit, die Kamera auf einem Stativ zu fixieren, das vor einem Zaun stand. Dahinter bot ein Café dem Forscher einen günstigen Aufenthaltsraum, von dem aus er Zugriff auf die Kamera hatte. Der Stand ließ sich aus drei bis vier Metern Entfernung von der gegenüberliegenden Laufweg-Seite aus gut filmen. Unvermeidlich war allerdings, dass hin und wieder Vorbeigehende das Bild durchquerten und die Sicht verdeckten. Probleme gab es vor allem mit dem Ton. Die Aufnahmen sind von so starken Störgeräuschen überlagerten, dass das Gespräch des Händlers mit seinen Kunden kaum zu verstehen war. Hierfür gibt es zwei Lösungen: Entweder man verwendet ein gutes Richtmikrophon und hofft darauf, eine geeignete Ausrichtung gefunden zu haben. Oder man verwendet ein Funk-Mikrophon-Set. Letzteres wurde in diesem Fall gemacht. Für solche Zwecke gibt es besondere kleine Sender und Empfänger. Den Sender konnten wir als Lavalier-Mikro direkt an der Kleidung des Händlers anbringen – natürlich mit seiner Zustimmung. Per Funk wird das Signal bei diesem Verfahren direkt auf dem Video gespeichert, was nachträgliche aufwändige Synchronisierung erspart. Die Verwendung eines stationären Diktiergeräts wäre eine alternative Lösung, die allerdings eine nachträgliche Synchronisation

Videographie

von Bild und Ton erforderlich macht und Mehraufwand erzeugt. Die Gespräche, die der Händler mit seinen Kunden führt, sind hervorragend zu verstehen. Weil von den Passanten kein vorangehendes Einverständnis eingeholt werden konnte, wurde neben der Kamera ein entsprechendes Infoschild aufgestellt. Darauf wurde die Forschung beschrieben und angeboten, bei Einwänden die Aufnahmen zu löschen.

Setting 3: Aufnahme aus verschiedenen Kameraperspektiven

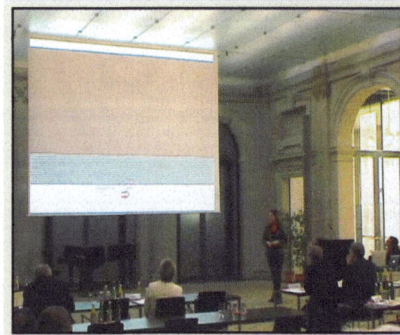

Abbildung 7: Aufnahmen aus zwei Kameraperspektiven
(links: Sprecher, rechts: Publikum)

In einigen Settings reicht eine Kamera nicht aus. So waren wir im Forschungsprojekt zu Powerpoint-Präsentationen (Schnettler & Knoblauch 2007, Knoblauch 2013) an der Interaktion zwischen Publikum und der SprecherIn auf der Bühne interessiert. Weil das Publikum auf der Sprecherkamera höchstens von hinten zu sehen war, haben wir uns dazu entschieden, mit zwei Kameras zu arbeiten und diese synchron zusammenzuschneiden. Es gibt Projekte, bei denen auch noch mehr Kameras sinnvoll sein können. Jedoch sollte man die Zahl nicht übertreiben, denn mit jeder Kamera wächst der technische Aufwand der Vor- und Nachbereitung erheblich. Außerdem bedeuten mehr Aufzeichnungsgeräte eine große Intrusivität im Feld. Schließlich erlauben die geringen Ressourcen in der sozialwissenschaftlichen Forschung in aller Regel nur die Auswertung von ein oder zwei Perspektiven, sodass weitere Aufnahmen bestenfalls ergänzend hinzugezogen werden können. Die anwachsenden Datenmengen sind nicht zu unterschätzen. Eine Zunahme der Datenmenge kann unter dem Zwang praktischer Zugeständnisse die Gefahr mit sich führen, in eine Standardisierung zu münden oder die Daten nur oberflächlich auszuwerten. Die verschiedenen Aufnahmeperspektiven müssen anschließend mit verschiedener Software zusammengeschnitten werden. Um die Synchronisation zu vereinfachen, sollte man ein markantes optisches wie akustisches Signal (wie beim Film etwa die Klappe) deutlich sichtbar für beide Kameras geben.

Setting 4: Bewegte Kamera

In der Regel sind statische Kameras vorzuziehen, weil sie ruhigere Aufnahmen liefern. Eine Ausnahme hiervon muss erwähnt werden. Denn in manchen Situationen bleibt der Interaktionsfokus nicht statisch an einen Ort gebunden, sondern variiert mit den räumlichen Bewegungen der Beteiligten. In diesem Fall mag es sinnvoller sein, eine handgeführte mobile Kamera zu verwenden. Dabei tritt aller-

dings regelmäßig das Problem auf, dass man in der Verfolgung mit der Kamera zumeist ein wenig zu langsam ist, versucht man dem sich verlagernden Geschehensmittelpunkt hinterher zu schwenken. Akteure deuten auf ein Objekt, der Filmende zieht die Kamera nach – und kommt immer einen Moment zu spät, um genau das zu erfassen, was er mit der Kamera verfolgte. Auch er ist mit seiner Kameraführung sequentiell in die Situation eingebunden. Man sollte also darauf achten, vorausschauend zu filmen, d.h. die möglichen Objekte des Interesses im Blick zu behalten. Vor allem ist zu vermeiden, zu viel zu zoomen und zu schwenken, weil dies die Analyse der Aufzeichnungen im Nachhinein sehr erschwert.

Weitere Situationen, in der eine Handkamera sinnvoll sein kann, sind solche, in denen eine Koordination zwischen den Beteiligten sehr fokussiert durchgeführt wird. Zum Beispiel bei sehr feingliedriger Arbeit, wie etwa im Fall der erfahrenen Krankenschwester, die mit einer winzig kleinen Bewegung des Beatmungsschlauches »am Patienten« anzeigt, in welchem Winkel der unerfahrene Arzt ihn einführen sollte (Schubert 2006b, 2006a). Oder bei einem Grafiker, der mit einer geringen Neigung seines Stiftes eine Idee andeutet, bevor er sie zeichnet (Heath & Luff 2000: 165ff). Solche Details können für die Interpretation entscheidend sein. Sie bleiben in der Totalen jedoch unsichtbar. Man erkennt sie zumeist erst nach einer Weile der Feldarbeit, sobald auch klar geworden ist, wo der Fokus der Analyse liegen wird und welche Sequenzen ausgewählt werden sollen. Hat man solche Situationen bei der ethnographischen Arbeit identifiziert, ist es sinnvoll, sie mit einer mobilen Kamera selektiv nachzuverfolgen und aufzuzeichnen.

Sampling, Logbuch und Forschungsprozess

Voraussetzung jeder Videoanalyse ist das Interesse an einem bestimmten Handlungs- und Interaktionsphänomen. Dieses Interesse ist in der Regel mit der konstruktivistischen Theorieannahme verbunden, dass erst die genaue Kenntnis von Handlungs- und Interaktionsformen Aufschluss darüber gibt, wie die von ihnen gestaltete Wirklichkeit zustande kommt. Überdies ist es auch mit der Vermutung verbunden, dass die außerhalb der Situation herrschenden normativen Vorstellungen über das Handeln keineswegs identisch mit dem sind, was in der Situation tatsächlich geschieht. Ist dann die ethnographische Kenntnis erworben, können Aufzeichnungen gemacht werden. Häufig sammelt man hierbei zumeist mehr Daten, als für die spezifische Forschungsfrage relevant ist. Andererseits können sich die hergestellten Aufnahmen auch als für die Bearbeitung der Frage unpassend erweisen, weil man die Situation nicht gut genug einschätzen konnte. In diesem Fall werden weitere ethnographische Forschungsarbeit und zusätzliche Aufnahmen notwendig. Man sollte die Videoaufzeichnungen dennoch aufbewahren – häufig ergeben sich später ja neue Fragen, für die diese relevant werden können.

Videographie

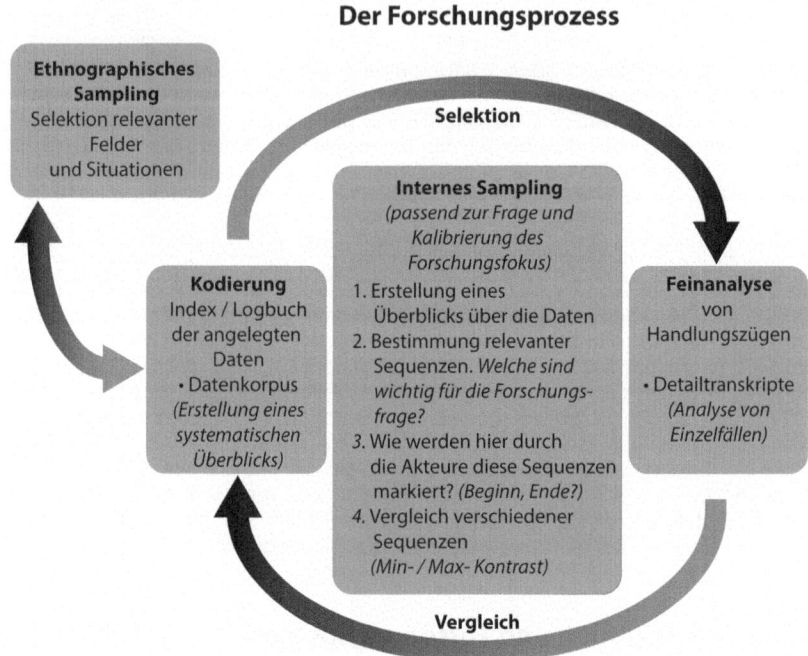

Abbildung 8: Der Forschungsprozess

In jedem Falle sollten deswegen die aufgezeichneten Videodaten – neben den ethnographischen Daten – in einer Übersicht erfasst werden. Dieses Logbuch entsteht durch eine Sichtung der gesamten Aufzeichnung, die in einer ersten Vorauswertungsrunde zunächst nur grob kodiert wird. Erste Transkriptionen werden erstellt. Die anlaufenden Analysen und Datensitzungen (auf die wir unten eingehen werden, vgl. S. 87) helfen dann, die entsprechenden Einheiten zu bestimmen, sodass es sich lohnt, weitere Kodierungen durchzuführen. Es ist dabei dringend darauf zu achten, dass diese Kodierungen keine vorgängig festgelegten Kategorien enthalten. Vielmehr erfordert es der interpretative Umgang mit den Daten, dass die relevanten Kategorien aus den beobachteten Interaktionen der Akteure, also aus dem Feld selbst, gewonnen werden. Dann kann das Logbuch auch als eine Art Sample behandelt werden, in dem ähnliche, kontrastierende oder abweichende Fälle gesucht werden. Diese Suche, die dem Prinzip der Grounded Theory folgt (Strübing 2004, Strauss 1994, Strauss & Corbin 1996) kann durch zusätzliche Ethnographie und weitere Aufzeichnungen ergänzt werden.

Analyse

Auswahl von Sequenzen für die Feinanalyse

Es ist eine wichtige Entscheidung im Forschungsprozess, zunächst anhand der Fragestellung zu bestimmen, mit welcher Feinheit man auf das Material blicken möchte, um die entsprechenden Sequenzen im Material zu identifizieren und mittels der Codierung der vorhandenen Aufnahmen auffindbar und vergleichbar zu machen. Wir haben in den letzten Abschnitten (vgl. Kapitel 4) deutlich gemacht, dass die Videointeraktionsanalyse Sequenzen und sinnhafte Aktivitätsaggregate nicht durch die Wissenschaftler bestimmt (wie ein Bild, eine Minute etc.), sondern aus den aufeinander bezogenen visuellen und vokalen Handlungszügen der Akteure abgeleitet. Diese zeigen sich gegenseitig an, was sie gerade tun, wann eine Aktivität beginnt und wann sie beendet wird. Diese Sequenzbestimmung können wir als Beobachter nun zur Bestimmung der Grenzen der zu untersuchenden Einheiten heranziehen. (Darauf werden wir unten genauer eingehen, vgl. S. 86.) Es ist notwendig festzustellen, wann eine Aktivität begonnen und wieder beendet wird, um diese anschließend im verfügbaren Material auffinden und vergleichen zu können. So müssen wir also beständig von der groben Codierung des gesammelten Materials wieder zurück zur Feinanalyse wechseln, um iterativ unsere Untersuchungseinheiten zu bestimmen.

Typischerweise beobachten wir in der Videointeraktionsanalyse rekursive Handlungsmuster, die zwar stets situativ hergestellt werden, dabei aber auch wiederkehrende Elemente aufweisen. Betrachten wir zum Beispiel den Verkauf von Gegenständen in verschiedenen Settings, wie in Boutiquen, Supermärkten, bei Auktionen oder Straßenhändlern, dann werden wir feststellen, dass es einerseits in den verschiedenen Verkaufsaktivitäten sich wiederholende Abläufe gibt, andererseits die Realisierung jedes Mal unterschiedlich abläuft. Anhand des Vergleiches verschiedener Fälle können wir nun die typischen Muster identifizieren und mit Daten aus anderen Kontexten kontrastieren, um die Eigenarten herauszuarbeiten. Das Sampling kann so ausgerichtet sein, dass formale Hochpreis-Auktionen mit Auktionen in anderen sozialen Kontexten verglichen werden, um Aufschluss über Ähnlichkeiten oder auch soziale und kulturelle Unterschiede zu erhalten. In ähnlicher Weise kann man etwa Powerpoint-Präsentationen in der Schule mit solchen in wissenschaftlichen Forschungskontexten vergleichen, wenn man etwas über die Differenz von pädagogischer Wissensvermittlung und wissenschaftlicher Wissensproduktion erfahren möchte.

Je nach Fragestellung des Forschungsvorhabens beginnt man den Forschungsprozess mit unterschiedlich starker Fokussierung und Kenntnis über die zu untersuchenden Interaktionssequenzen. Häufig ist auch noch nicht klar, wo relevante Sequenzen beginnen und wann sie enden. In stark

Videographie

vorstrukturierten Kontexten bieten sich Aggregate an, die durch die Handelnden im Feld selbst festgelegt werden (vgl. Schegloff & Sacks 1973). Unter Aggregaten verstehen wir hier Untereinheiten des Interaktionsablaufes, die bestimmte kommunikative Strukturen aufweisen (Knoblauch 1995a). Gute Beispiele dafür sind der Verkauf eines Gegenstandes auf einem Straßenmarkt, aber auch die Lösung eines Teilproblems in der Krisenübung, das Spielen eines »Songs« durch eine Band oder die Besprechung eines Tafelbildes im Schulunterricht. All diese Formen haben eine eigene Struktur – sind eingebettet in größere Zusammenhänge (ein Auktionstag, die gesamte Krisenübung, ein ganzer Schultag) und umgeben von anderen Aggregaten (Begrüßung, Pausen, Gruppenarbeiten in der Schule etc.). Durch ein induktives Vorgehen wird es nun möglich, in Annäherung an die Fragestellung diese Strukturen und ihre Grenzen anhand der detaillierten Analyse einzelner Sequenzen zu erkennen und anschließend im gesamten Datenkorpus zu suchen und mit ähnlichen und kontrastierenden Sequenzen zu vergleichen. Hierbei rückt also die Frage nach der Scharfeinstellung der Analyse in den Fokus. Worauf bezieht sich die Fragestellung und in welchen Ausschnitten aus dem Datenmaterial kann man sie beantworten? Unsere Erfahrungen haben gezeigt, dass die Transkripte dabei helfen, den Fluss des Videos für die Beobachtenden zu strukturieren und einen ersten Hinweis auf mögliche Turns, Sequenzen und Aggregate bieten. Im kommenden Kapitel gehen wir auf die Erstellung der Transkripte sowie die detaillierte Auswertung der Videodaten ein.

Infobox: Archivierung, Datenaufbereitung und Transkription

Nach der Datensammlung im Feld liegen uns die Daten zumeist auf einer Kamera oder einem Speichermedium vor und müssen für die folgende Analyse vorbereitet werden. Wie bereits erläutert (siehe Abbildung 8), müssen die Daten einem Korpus hinzugefügt und in einer geeigneten Weise zugänglich archiviert werden. Bei diesem Prozess ist auf einige Punkte zu achten:

Archivierung & Kategorisierung

Videodaten liegen nach der Aufnahme im Feld zumeist in einem von der Kamera produzierten Videoformat und in ungeschnittenen Datensätzen vor. Durch die Selektionen der gefilmten Situationen und der Momente, in denen die Kamera lief, sind die Daten zumeist gegliedert – und häufig mit einem Zeitindex versehen. Diese Markierungen können in Verbindung mit weiteren Feldnotizen gute Vorarbeiten für eine Archivierung sein. Zur Selektion relevanter Sequenzen für die Analyse ist es notwendig, die Daten auch inhaltlich zu kategorisieren: ein Logbuch zu erstellen, wie im vorigen Kapitel beschrieben. Dies kann technisch und organisatorisch unterschiedlich gelöst werden. Für kleinere Projekte mag eine durchdachte (Datei-)Ordnerstruktur sowie begleitende Text- oder Tabellendokumente völlig ausreichen. Die Organisation mit einem Programm zur Codierung wie MAXQDA oder AtlasTI bietet dank der fortgeschrittenen Integration von Videodaten eine

Analyse

Reihe von Vorteilen. In größeren Projekten mag es sogar sinnvoll sein, eine Datenbank anzulegen (Petschke 2007) oder die Dateien auf einem Server indiziert abzulegen. Im Prozess der Auswahl der Feinanalyse werden kurze Ausschnitte aus den Aufzeichnungen selegiert, ausgeschnitten und im Detail betrachtet. Weil es häufig zu Inkompatibilitäten kommt, ist es sinnvoll, diese Ausschnitte in ein möglichst kompatibles und systemunabhängiges Datenformat zu konvertieren, das auch nicht zu groß und damit »unhandlich« wird (leider sind die Videostandards in dauernder Bewegung, sodass wir hier keine verlässlichen Hinweise geben können).

Datensicherung

Videodaten sollten – genauso wie andere Forschungsdaten – gründlich gesichert werden. Ein besonderes Problem im Vergleich zu textförmigen Daten besteht darin, dass diese nicht mehr in der über Jahrhunderte bewährten Druckform abgelegt werden können, sondern auf empfindlichen und sich ständig ändernden Datenträgern gespeichert werden. Denken Sie an die Probleme, die bereits heute bei der Verwendung und Umwandlung von Film, Super-8 oder auch Videodaten entstehen können. Digitale Datenträger wie DVDs haben nur eine beschränkte Lebensdauer und es ist nicht sicher, wie lange die Lesegeräte kompatibel bleiben. Festplatten können crashen und sind nur schwer zu rekonstruieren. Es ist sinnvoll regelmäßig Backups vorzunehmen, diese an einem anderen Ort zu lagern und darauf zu achten, dass die Daten stets auf kompatible Medien transferiert werden. Lösungen, die auf Cloud- oder Internetbasis funktionieren, sind aus Gründen des Datenschutzes bedenklich.

Vorbereitung für Feinanalysen

Für die gemeinsamen Datensitzungen müssen relevante Sequenzen ausgewählt werden. Dazu wird das Material gesichtet. Interessante Stellen werden markiert. Dies erfolgt je nach präferierter Vorgehensweise per Notiz des Timecodes oder durch »Tagging«/»Coding« mit entsprechender Software. Unter Bezug auf die Fragestellung werden dann einzelne Sequenzen für die Feinanalyse ausgewählt. Diese Sequenzen werden herausgeschnitten und aufbereitet. Es ist sinnvoll, hierbei die Rohdaten in ihrer ursprünglichen Form zu erhalten. Ausschnitte, die für die Feinanalysen genutzt werden, sollte man ausgliedern oder kopieren. Denn häufig kann es später nötig werden, von der Originaldatei weitere Ausschnitte anzufertigen, um etwa herauszufinden, was vor der betrachteten Sequenz geschah, um diese Abschnitte zu ergänzen oder um sie später noch einmal im Zusammenhang zu betrachten. Die Aufbereitung für die Datensitzung beinhaltet auch eine (grobe) Transkription zumindest der verbalen Interaktionszüge, die in der Sitzung als Orientierungshilfe und als Grundlage für eine erweiterte Transkription dienen kann.

Transkription

Die Transkription ist notwendig, um die sequenzielle Ordnung des Geschehens für die Analyse aufzubereiten und methodisch von fundamentaler Bedeutung. Folglich ist das Beherrschen der Transkription eine Grundvoraussetzung für die analytische Arbeit. Sie stellt eine methodische Kompetenz dar, die man sich durch vermittelte Anleitung nur bedingt aneignen kann. Die Kompetenz erlernt man wesentlich durch das Transkribieren selbst. Anleitungen sind nur dann von Wert, wenn sie durch eigenes, aktives Transkribieren begleitet werden. Hier ist vor allem zu

Videographie

empfehlen, sich an der Praxis zu orientieren, die sich in der Konversationsanalyse eingespielt hat.

Transkribieren ist formell relativ simpel, benötigt aber ein wenig Übung. Transkriptionssysteme aus der Konversationsanalyse ermöglichen deutlich genauere Transkripte als rein inhaltsanalytische. Grundprinzip ist die Verbatim-Übertragung: Alles wird notiert, wie es ausgesprochen wurde. Semantische Angleichungen und Verschriftsprachlichungen werden vermieden. Alle Äußerungen werden exakt so, wie akustisch aufgenommen, in Schriftzeichen übertragen. Besonders wichtig ist es, »Fehler«, Pausen, Überlappungen und parasprachliche Elemente nicht auszulassen, sondern diese mitzutranskribieren. Das typische Basistranskript eines Sequenzbeginns sieht folgendermaßen aus (aus Selting et al. 1998: 358f., Selting et al. 2009):

Beispiel (1): ((fiktives Gespräch, 1:04 – 2:05 Sek.))

[1:04]	01	A:	hier fängt der transkripttext an
	02	B:	ja genau
	03		(– –)
	04	A:	wenn du mir ins wort fä[llst]
→	05	B:	[ich] fall dir ja gar nicht ins wort
[2:00]	06	A:	doch
	07		(.)
	08		hast du wohl getan
	09		du hast (.) mich gerade unterbrochen
	10	B:	ja
[2:05]	11		tut mir leid

In der Transkription wird das Gesprochene inklusive aller Pausen und parasprachlicher Ausdrücke sowie scheinbarer Fehler (/»ähm«) transkribiert. Sprecherwechsel werden durch Buchstaben markiert. Satzzeichen werden nur eingefügt, wenn die Sätze vom Sprecher mit eindeutigen Tonhöhenwechseln markiert sind. Ein Fragezeichen verweist auf steigende, ein Punkt auf fallende Intonation. Un- oder schwerverständliche Passagen werden in Klammern gesetzt. Auch Überlappungen bei gleichzeitigem Sprechen werden ausgewiesen (siehe hierzu die Infobox zu den GAT2 Transkriptionskonventionen unten). Mittlerweile existiert eine Reihe von Zeichensystemen, die eine genaue Transkription ermöglichen. Wir empfehlen generell mit dem im deutschsprachigen Raum üblichen GAT2 System zu beginnen.

Zusammenstellung der wichtigsten GAT2 Transkriptionskonventionen (Selting et al. 2009)

Minimaltranskript

Sequenzielle Struktur/Verlaufsstruktur

[ ]	Überlappungen und Simultansprechen

Ein- und Ausatmen

°h / h°	Ein- bzw. Ausatmen von ca. 0.2–0.5 Sek. Dauer
°hh / hh°	Ein- bzw. Ausatmen von ca. 0.5–0.8 Sek. Dauer
°hhh / hhh°	Ein- bzw. Ausatmen von ca. 0.8–1.0 Sek. Dauer

Analyse

Pausen	
(.)	Mikropause, geschätzt, bis ca. 0.2 Sek. Dauer
(-)	kurze geschätzte Pause von ca. 0.2–0.5 Sek. Dauer
(--)	mittlere geschätzte Pause v. ca. 0.5–0.8 Sek. Dauer
(---)	längere geschätzte Pause von ca. 0.8–1.0 Sek. Dauer
(0.5)	gemessene Pausen von ca. 0.5 bzw. 2.0 Sek. Dauer
(2.0)	(Angabe mit einer Stelle hinter dem Punkt)
Sonstige segmentale Konventionen	
und_äh	Verschleifungen innerhalb von Einheiten
äh öh äm	Verzögerungssignale, sog. »gefüllte Pausen«
Lachen und Weinen	
haha hehe hihi	silbisches Lachen
((lacht)) ((weint))	Beschreibung des Lachens
<<lachend> >	Lachpartikeln in der Rede, mit Reichweite
<<:-)> soo>	»smile voice«
Rezeptionssignale	
hm ja nein nee	einsilbige Signale
hm_hm ja_a	zweisilbige Signale
nei_ein nee_e	
?hm?hm,	mit Glottalverschlüssen, meistens verneinend
Sonstige Konventionen	
((hustet))	para- und außersprachliche Handlungen u. Ereignisse
<<hustend>>	sprachbegleitende para- und außersprachliche Handlungen und Ereignisse mit Reichweite
( )	unverständliche Passage ohne weitere Angaben
(xxx), (xxx xxx)	ein bzw. zwei unverständliche Silben
(solche)	vermuteter Wortlaut
(also/alo)	mögliche Alternativen
((unverst., ca. 3 Sek))	unverständliche Passage mit Angabe der Dauer
((...))	Auslassung im Transkript
→	Verweis auf im Text behandelte Transkriptzeile

Weitere Hinweise zur Transkription

Die Transkriptionskonventionen gehen zurück auf die von E.A. Schegloff entwickelte Systematik. Auf seiner Website steht ein Online-Modul zur Verfügung. Es wurde für die praktische Einübung in die Transkription von interaktiven Gesprächsverläufen auf der Grundlage konversationsanalytischer Konventionen entworfen: www.sscnet.ucla.edu/soc/faculty/schegloff/TranscriptionProject/index.html.

Videographie

Ebenfalls sehr hilfreiche Anleitungen zur Transkription finden sich bei Paul ten Have (1999: 75–98), der eine sehr empfehlenswerte Website mit zahlreichen weiteren Hinweisen zur ethnomethodologischen Konversationsanalyse unterhält: www.paul tenhave.nl/resource.htm. Für die deutschsprachige Gesprächsforschung hat sich das Gesprächsanalytische Transkriptionssystem GAT als Standard etabliert (Selting et al. 1998). Vor kurzem wurde die aktualisierte Fassung GAT2 publiziert (Selting et al. 2009). Zu den methodenpraktischen Seiten von Datenerhebung, Datenmanagement, Transkription und Vorbereitung zur Analyse vgl. auch Hartung (2006), Dittmar (2002), Körschen et al. (2002), Koch & Zumbach (2002). Mittlerweile sind zahlreiche computergestützte Videotranskriptionsprogramme im Einsatz, darunter Transana (Schwab 2006), Atlas TI oder die Feldpartitur (Moritz 2010) oder Folker. Einfachere Software leistet aber oft schon ausreichend nützliche Hilfe. So ist etwa die Transkriptionssoftware ExpressScribe kostenlos verfügbar unter www.nch.com. au. Eine sehr empfehlenswerte deutsche Seite ist www.audiotranskription.de. Dort kann die Transkriptionssoftware f4 heruntergeladen werden. Hier findet sich ein detailliertes Tutorial für die Transkription, außerdem kann ein entsprechender USB-Fußschalter erworben werden.

Übungsfragen

→ Was verstehen wir unter **fokussierter Ethnographie**?

→ Welche Probleme können beim **Feldzugang** entstehen?

→ Was sind zentrale Anforderungen der **Forschungsethik** an unser Vorgehen?

→ **Worauf fokussieren** wir im Feld die Kamera? Welche Rolle spielen **Notizen** und **Feldtagebücher**?

→ Wie werden **Sequenzen** für die Feinanalyse **ausgewählt**?

→ Wie gehen wir beim **Vergleichen** verschiedener Sequenzen aus unserem Datenkorpus vor?

6 Videointeraktionsanalyse

In diesem Kapitel wird anhand theoretischer Herleitungen und mit einem Beispiel die Feinanalyse von Videodaten dargelegt. Methodologisch zentrale Konzepte wie das der Sequenzialität werden im Detail vorgestellt und in der Anwendung exemplarisch erläutert. Dabei heben wir die besondere Bedeutung von Datensitzungen hervor. Ebenso beleuchten wir die Rolle, die Transkripte für die Analysearbeit am Videomaterial haben.

Im vorangehenden Abschnitt dieses Buches haben wir behandelt, wie die Videographie für die Gewinnung der Daten in den Prozess einer ›fokussierten Ethnographie‹ eingebettet ist. Wie schon in der Einleitung betont und in Abbildung 8 angezeigt, sind Datengenerierung und Datenanalyse keine zeitlich voneinander getrennten Phasen des Forschungsprozesses, die brav nacheinander abgearbeitet werden. Sie greifen vielmehr *iterativ* ineinander: Feldarbeit und Datensitzungen wechseln einander ab. Das ermöglicht, im Material Entdeckungen zu machen. Auf dieser Grundlage werden weitere Daten erhoben, wird Schritt für Schritt ein wachsendes Korpus aufgebaut und der Untersuchungsfokus langsam enger gezogen.

Mit der Analyse der Daten sollte möglichst früh im Untersuchungsablauf begonnen werden. Wenden wir uns deshalb jetzt der Auswertung der Videodaten zu. Wie wird diese Analyse durchgeführt? Wie genau gehen wir vor? Welche Handlungsschritte vollziehen wir als Forschende, wenn wir Videodaten untersuchen? Unerlässlich für die Videointeraktionsanalyse ist die feingliedrige Analyse der Sequenzialität. Voraussetzung für ein Verstehen der Daten ist die intime Kenntnis des Erhebungskontextes. Das heißt, wir Forschende wissen über die beobachtete Situation ausreichend Bescheid – in welchem Kontext sie stattfindet oder welche Akteure beteiligt sind. Zumindest ansatzweise wissen wir auch, welche Funktion und Relevanz die beobachtete Situation über die in ihr stattfindenden situativen Interaktionen hinaus hat.

Die erste kritische Entscheidung betrifft die Frage, mit welchem Fragment die Feinanalyse beginnen soll. Das ist in der Tat keine einfach formalisierbare Auswahlentscheidung. Gewiss spielen die Fragestellung der Untersuchung und die Qualität der Aufnahmen bei der Selektion geeigneter Ausschnitte eine entscheidende Rolle. Eine Segmentierung der Videos in vorab definierte Zeiteinheiten ist aber ebenso wenig sinnvoll wie ein blinder Griff ins Material. Hermeneutisch orientierte Forschungen neigen dazu, mit der ersten Einheit zu beginnen und diese intensiv zu studieren.

Videographie

Das mag bei editierten Materialien noch einigermaßen praktikabel sein. Bei Aufzeichnungen natürlicher Interaktionen ist die Bestimmung von Anfang und Ende einer bestimmten Sequenzeinheit aber bereits eine eigene analytische Aufgabe, die alles andere als trivial ist. Zwei Prinzipien helfen, die Selektion zu leiten: Zum einen orientieren wir uns an den Relevanzen der beobachteten Akteure. Zum anderen achten wir auf rekursive Merkmale der ablaufenden Interaktion, die den Handelnden selbst vielleicht nicht aufgefallen sind. Das erste Prinzip lässt sich auf die ethnomethodologische Idee der Reflexivität zurückführen. Das zweite leiten wir aus der analytischen Fragestellung und der Beobachtung ab. Doch gerade wenn sie die für unsere Methodologie typische Offenheit hat, bleibt die Auswahl geeigneter Sequenzen für die Feinanalyse ein Vorgang, der von Versuch und Irrtum geleitet wird. Entscheidend ist, genügend Geduld für die minutiöse Analyse der Sequenzen aufzubringen. Analog zu dem im letzten Kapitel beschriebenen externen Sampling wird im Verlaufe der Analyse in einem in dieser Hinsicht an der Grounded Theory angelehnten Verfahren ein *internes Sampling* einzelner Fragmente des Videomaterials durchgeführt. Die Ausschnitte werden in Datensitzungen eingehend unter die Lupe genommen.

Wie lang sollten die Sequenzausschnitte für die Feinanalyse sein?

Die Dauer der untersuchten Sequenz richtet sich nach der Forschungsfrage bzw. der analytischen Fragestellung und danach, was die Handelnden machen. Wenn die Frage sich beispielsweise auf den typischen Ablauf von Verkaufsgesprächen richtet, kann es um Handlungen gehen, die nur wenige Sekunden dauern. Es kann sich aber auch um mehrere Stunden drehen. In letzterem Fall ist es unmöglich, den gesamten Gesprächs- bzw. Interaktionsverlauf im Detail zu untersuchen. Methodisch sinnvoller ist in diesem Fall, diese größere Einheit in ihre verschiedenen Phasen (etwa ›Begrüßung‹, ›Interessenbekundung‹, ›Auswahl‹, ›Preisverhandlung‹, ›Kauf‹, ›Beendigung‹, etc.) bzw. Aggregate zu zerlegen. Die einzelnen Teile lassen sich dann separat genauer studieren, um die komplexe Gesamtaktivität besser zu erfassen. Es geht also nicht darum, möglichst große Datenmengen nur oberflächlich zu bewältigen. Vielmehr sind mit interpretativem Blick zentrale Sequenzen zu identifizieren, zu analysieren und gezielt miteinander zu vergleichen. Die Genauigkeit und kontextsensitive Würdigung der Spezifik jedes einzelnen Fragments ist eine Stärke der Videointeraktionsanalyse. Erfahrungsgemäß können in den unten näher beschriebenen Datensitzungen Sequenzausschnitte von einigen Sekunden bis zu wenigen Minuten Dauer bearbeitet werden. Als Faustregel gilt: Mehr als maximal ein bis drei Minuten Videomaterial lassen sich in einer Stunde Analysearbeit kaum sorgfältig interpretieren. Oft reichen aber mehrere Datensitzungen nicht aus, Fragmente von nur wenigen Sekunden Dauer sorgfältig und erschöpfend zu analysieren.

Analyse

Typisches Verstehen der Daten

Am Beginn jeder genaueren Videoanalyse steht interessanterweise nicht die Analyse selbst, sondern der Versuch des Verstehens. Bereits die Kodierung setzt das Verstehen der Daten voraus. Wer schon einmal transkribiert hat weiß, wie mühsam es sein kann, Äußerungen in der eigenen Sprache überhaupt zu entziffern. Deshalb verwenden wir üblicherweise in den Datensitzungen zu Beginn viel Zeit darauf, zu begreifen, was eigentlich in dem betrachteten Videofragment vor sich geht.

Für die Analyse gilt der Grundsatz: Zuerst muss alltägliches Verstehen erreicht werden. Um nachzuvollziehen, was genau geschieht, ist ethnographisches Wissen vonnöten. Erst auf der Grundlage eines solchen »typischen Verstehens«[30], das wir als »Basishermeneutik« bezeichnen, kann anschließend eine vertiefte Interaktionsanalyse vorgenommen werden. Grundlage dieser Analyse sind die aus der Konversationsanalyse bekannten Prinzipien, die allerdings im Fall der Videoanalyse über verbale Interaktion hinaus auf die visuell beobachtbaren Formen des Verhaltens ausgedehnt werden. In der Konversationsanalyse wird sehr viel Wert auf eine sorgfältige Transkription gelegt – das ist bei der Videointeraktionsanalyse etwas schwieriger, weil sich die Vielfalt des Visuellen (siehe Simultaneität und Sequenzialität, Kap. 3, S. 49) nur mit viel Aufwand in Text abbilden lässt. Ein genaues Transkript ist vielmehr eine Dokumentation der Forschungsarbeit. Einfach herzustellende Rohtranskripte leisten bei der Analyse jedoch hilfreiche Dienste. Diese selbst werden immer weiter verbessert. Einzelheiten zur Transkription folgen weiter unten.

Infobox: Datensitzungen

Die Videoanalyse ist ein Verfahren, das neben der »einsamen« Analyse auch gemeinsame Datensitzungen in Gruppen erfordert. Datensitzungen sollten über den gesamten Forschungsverlauf hinweg stattfinden. Auf der Basis von ausgewählten und vorbereiteten Teilsequenzen werden erste Interpretationen erarbeitet und mit verschiedenen Beteiligten am Material diskutiert. Die Auswertungen werden schriftlich festgehalten und dienen anschließend als Grundlage für Forschungsberichte und die aus der Forschung hervorgehenden Publikationen. Mitunter mag es sich lohnen, ein Diktiergerät mitlaufen zu lassen. Für die Zusammensetzung hat es sich als besonders hilfreich erwiesen, eine in Bezug auf das Forschungsthema heterogene Gruppe zu versammeln. Diejenigen, die im Feld geforscht und die Daten aufgezeichnet haben, sind so zum Beispiel in der Pflicht, das zu explizieren und zu erläutern, was ihnen schon ganz selbstverständlich erscheinen mag. Beteiligte mit unterschiedlichem Vorwissen sind mit verschiedenen Aspekten vertraut, sodass der Gegenstand von allen Seiten beleuchtet werden

---

30 Hierbei beziehen wir uns auf Schütz (2004).

Videographie

kann. Außerdem können sie ihre Kompetenzen wechselseitig ergänzen. Manche haben gute Augen für die Mimik und Gestik, andere verfügen über linguistische Spezialkenntnisse, wieder andere über ein ausgeprägtes Maß soziologischer Phantasie. Datensitzungen entfalten ihre eigene Dynamik besonders dann, wenn darauf geachtet wird, eine möglichst hierarchiefreie Diskussionssituation herzustellen. »Dumme« Fragen an das Material gibt es hier nicht. Die Attitüde der ›künstlichen Dummheit‹ (Hitzler 1991) kann vielmehr als wichtige analytische Ressource genutzt werden. Es wird aber oft gar nicht nötig sein, sie künstlich zu erzeugen. Wer bei der Datenerhebung nicht dabei war und das Feld nicht kennt, braucht sich in dieser Hinsicht wenig anzustrengen und stellt vielleicht die richtigen Fragen an das Material. Strikt zu vermeiden sind allerdings weitschweifende soziologisierende (»Paul handelt aufgrund seines Status so und so«) oder psychologisierende Unterstellungen (»sicher hat er gemeint...«). Weil wir gerne zum intentionalisierenden Sprechen neigen, ist hier am meisten methodische Disziplin erforderlich. Denn mit Videodaten lässt sich über die Innenwelt der Akteure nichts sagen, was nicht in beobachtbaren Anzeichen gedeutet werden kann. Deutungen müssen deshalb immer am Material belegt werden. Vor allem aber geht es darum, das Was und Wie des Beobachteten genau zu beschreiben und seinen sequenziellen Zusammenhang zu verstehen. Die Hauptarbeit in den Datensitzungen dient also erstens dazu, Kontextwissen »am Video« zu explizieren. Zweitens dazu, die exakte sequenzielle Ordnung des abgelaufenen Geschehens, das sich bei audiovisuellen Aufzeichnungen meist sehr komplex gestaltet, unter Zuhilfenahme der Transkripte zu rekonstruieren. Dazu werden die Abfolgen der Interaktionszüge, wie sie von den abgebildeten Akteuren beständig hergestellt wurden, identifiziert und deren sinnhafte Ordnung rekonstruiert. Schließlich dienen Datensitzungen drittens dazu, Befunde und erste Ergebnisse am Material zu plausibilisieren und kritisch zu überprüfen.

Klärung des Kontextwissens

Liegt uns nun nach einer begründeten Auswahl der Sequenz ein Videofragment vor, so gilt es zunächst zu explizieren, in welchem Kontext es aufgenommen wurde und was darauf zu sehen ist. Es geht hierbei nicht um voreilige Schlüsse und weiterführende Interpretationen, sondern um die Explikation dessen, was wir durch unsere Feldkenntnisse wissen. Betrachten wir als Beispiel die ersten Sekunden aus einem kurzen Video (Abb. 9).

Abbildung 9: Auftakt eines Verkaufsgesprächs auf dem Straßenmarkt

Analyse

Das Video wurde mit einer feststehenden Kamera gefilmt. Das wissen wir, weil wir selbst die Kamera hinter dem Tisch aufgestellt haben. Eine Interpretation der Kameraperspektive und Kamerahandlung wäre also höchstens für methodenreflexive Zwecke sinnvoll. Wir sehen einen im Freien aufgerichteten Stand, der aus überdachten Holztischen besteht. Solche Aufbauten, vorbeiflanierende Menschen sowie andere Stände sind typisch für einen Straßenmarkt. Dass es sich tatsächlich um einen Straßenmarkt handelt, wissen wir nicht nur, weil wir dort selbst gefilmt haben, sondern auch, weil wir als Alltagsmenschen Straßenmärkte aus eigener Erfahrung kennen und entsprechende typische Situationen als solche identifizieren können. Hinter dem Tisch sehen wir eine junge Frau stehen, die wir hier Johanna nennen wollen.

Wir interessieren uns nun dafür, was auf einem Straßenmarkt genau vor sich geht und was in diesem Fragment zu beobachten ist: Zunächst steht Johanna hinter einigen auf dem Tisch ausgebreiteten bzw. am Stand aufgehängten Textilien etwas zurückgenommen am Rand der Aufnahme (Abb. 9, A). Nach kurzer Zeit beugt sie sich vor, um in einer kleinen Box nach etwas zu greifen. Wie wir aus direkter Beobachtung des Verkaufsstandes wissen, befinden sich in der Box Anstecker (Abb. 9, B). Währenddessen nähert sich ein Mann, der bereits zuvor ein T-Shirt von einem hinteren Teil des Verkaufsstandes hochgehalten und begutachtet hatte, und deutet auf den Tisch (Abb. 9, C). Es handelt sich also um ein Gespräch auf einem Straßenmarkt. Wir haben diese Sequenz ausgewählt, weil wir uns die Frage stellen wollen, wie eigentlich Verkäufe auf Straßenmärkten ablaufen. Außerdem leitet uns hier ein grundlegendes Interesse an der Erforschung von Verkaufsstrategien und Vertrauensbildung. Mit diesen Begriffen lassen sich Forschungsfragen formulieren, die von wissenschaftlichem Interesse sind. Aufgrund unseres allgemeinen Wissens und unserer Annahmen über Straßenmärkte – etwa, dass Preise hier zumeist verhandelbar sind – können wir jetzt mit einer genaueren Analyse des Interaktionsverlaufes beginnen. Betont werden muss, dass die vorangehende Situationsbeschreibung keine Bildbeschreibung im kunstwissenschaftlichen Sinne ist, sondern allein der Klärung des Interaktionskontextes dient. Wenden wir uns nun der genauen sequenziellen Ordnung des im Video aufgezeichneten Interaktionsverlaufs zu.

Prinzipien der sequenziellen Analyse

Wie bei der theoretischen Herleitung der Videointeraktionsanalyse in Kap 4.3 beschrieben, nutzen wir einige analytische Merkmale von Interaktionen, die besonders im Rahmen der Ethnomethodologie ausformuliert wurden. Dazu zählt zum einen die *Methodizität* von Interaktionen: Die

Videographie

Interpretation konzentriert sich nicht auf das *Was*, sondern auf das *Wie* von Handlungen. Dabei wird davon ausgegangen, dass die beobachtbaren Unterschiede von Handlungen Ergebnis unterschiedlicher »Methoden« des Handelns sind. Ein Verkaufsgespräch »existiert« nicht einfach, sondern wird von den miteinander handelnden Beteiligten erst durch bestimmte Formen des Handelns in der Interaktion erzeugt. Die vornehmliche Aufgabe der Interpretation besteht deswegen darin, zu rekonstruieren, *wie* bestimmte Handlungen als solche vollzogen werden, wie sie bestimmte Situationen erzeugen und was ihre Spezifizität in ihrem jeweiligen Kontext ausmacht.

Wir gehen davon aus und beobachten, dass diese Methoden nicht vorgängig etwa durch institutionalisierte Rahmungen oder funktional differenzierte kommunikative Codes bestimmt sind. Unser obiges Beispiel zeigt eindrücklich, wie vielschichtig und komplex reale Marktkommunikation ist, die keineswegs dem simplen Schema eines dichotomen Codes ›Kaufen – Nichtkaufen‹ folgt. Die Handelnden produzieren vielmehr in und durch ihre Handlungen eine sinnhafte situative Ordnung, indem sie sich aufeinander beziehen. Für das Verkaufsgespräch etwa ist jeder einzelne Zug, selbst noch der kleinste Blick, bedeutungsvoll. Die nächste Aufgabe der Analyse besteht deswegen darin, *Geordnetheit* in den aufgezeichneten Vorgängen zu finden. Dazu ist eine Zusatzannahme hilfreich: Was immer an Verhalten beobachtbar ist, wird nicht als Ergebnis handlungsfremder Faktoren (Triebe, Habitus, Umwelteinflüsse), sondern als prinzipiell von den Handelnden bewusst geleistet angesehen. (So konnten die kleinen Versprecher alltäglichen Redens, vermeintliche grammatische Fehler oder auch Übersprunghandlungen als außerordentlich genau koordinierte Handlungszüge herausgestellt werden.)

Die Geordnetheit verdankt sich einem weiteren grundlegenden methodologischen Prinzip, das wir bereits angesprochen haben: der *Reflexivität*. Reflexivität bedeutet in diesem Zusammenhang, dass wir beim Handeln nicht nur handeln, sondern gleichzeitig immer auch andeuten oder darauf hinweisen und damit beobachtbar machen, wie unser Handeln verstanden werden soll. Die Ethnomethodologie spricht hier von »accounts« von Handlungen. Wir stellen nicht einfach eine Frage, sondern machen durch die Art, wie wir diese Äußerung produzieren, klar, dass wir eine Frage stellen und wie wir sie verstanden haben wollen. Diese Reflexivität eröffnet einen methodischen Ansatz der Datenanalyse: Weil die Handlungskooperation auf dem Verständnis der beteiligten Handelnden beruht, können auch die Forscher die Abläufe verstehen, sofern sie über die dafür erforderliche alltägliche oder kulturelle Handlungskompetenz verfügen. Ausgangspunkt der Interpretation ist folglich das Alltagswissen.

Ein zweites basales Verfahren der Interpretation von Äußerungen macht sich ebenfalls an einer Kompetenz der Handelnden fest: Es handelt sich

Analyse

um die Validierung der Deutung einer Äußerung. Hier wird ebenfalls davon ausgegangen, dass die Folgeäußerung oder Folgehandlung nicht nur eine Handlung ist, sondern auch eine Interpretation dessen darstellt, wie die vorgängige Handlung verstanden wurde. Der jeweils nächste »Zug« wird keineswegs als bloße Fortschreibung, sondern als Interpretation des ersten Zuges betrachtet: War es tatsächlich eine Frage oder wurde sie nur rhetorisch verstanden? Ist der Zug schon abgeschlossen oder haben wir es mit einer eingebetteten Sequenz zu tun (Voreinladung)? Und hier entfaltet sich die Logik der Sequenzanalyse: Ob nämlich die Interpretation von B »adäquat« ist, zeigt sich im darauffolgenden Zug von A: A kann sich verärgert zeigen, dass die Frage nicht beantwortet wurde; A kann zu einer großen Belehrung ausholen, in der er seine eigene Frage weitschweifig beantwortet. A kann »metakommunikativ« problematisieren, dass die Frage nicht beantwortet wurde und damit zu einer »Reparatur« ansetzen. Dabei ist die Frage nicht relevant, was die Handelnden »eigentlich« intendiert hatten, sondern nur das, was kommunikativ realisiert wurde.[31]

Während die verbalen Aspekte in der Regel sequenziell organisiert sind, fügt das Visuelle zusätzliche eine *synchrone* Zeichendimension hinzu (Heath 1997b): Gegenstand der Interaktionsanalyse mittels Videographie ist folglich neben dem sprachlichen und parasprachlichen Reden auch das nur visuell beobachtbare Verhalten sowie die gegenständlichen, visuell beobachtbaren Ressourcen des Handelns. Das Visuelle aber ist sehr vielfältig und deutungsoffen, sodass jede Beschreibung prinzipiell unabgeschlossen bleibt. Für jede Sequenzanalyse stellt dieser Horizont synchroner Bildverweise ein eingestandenes Problem dar, weil er die Sequenzialität der Daten und der Vorgehensweise unterbricht: Welche Elemente aus dem Beobachtbaren sind für die Handlungen bedeutungsvoll? Welche Bedeutungen haben sie?

Während wir beim Verstehen von Interaktionszügen hermeneutisch auf unser eigenes (ethnographisch erweitertes) Wissen über Interaktionen zurückgreifen, ergibt sich aus dem Videomaterial selbst ein immanentes Kriterium der Selektion von visuellen Aspekten der Situation. »Visuell« bezieht sich hierbei auf alle im Video sichtbaren Anzeichen körperlichen Verhaltens wie Gestik, Mimik, Körperbewegungen usw., aber auch auf räumliche Anordnungen, Dekorum, Embleme und anderes (für weitere Details über Sequenzialität und Simultaneität in der Videoanalyse vgl. Knoblauch & Schnettler 2012). Visuelles Verhalten macht sich vor allem an Zügen visueller Interaktion fest, deren Betrachtung auf der gleichsam mikroskopischen Beobachtungsebene ansetzt: Jeder Blick, jede Handdre-

---

31 Grice (1989: 86ff.) nennt dies die »kommunikative Intention«.

hung, jedes Kopfdrehen wird einbezogen.[32] Dabei ist zu berücksichtigen, dass selbst ein einzelner Zug eine vielschichtige Abfolge von Handlungen beinhalten kann. Deswegen muss der einzelne Zug selbst als komplexer Handlungszusammenhang angesehen werden, in dem visuelle und vokale Teile eingehen. Hierbei muss keineswegs alles mit in Betracht gezogen werden, sondern lediglich das, was beobachtbar in einem erkennbaren Zusammenhang mit einer vorangegangenen Handlung steht. Mit anderen Worten: Die Handelnden selbst machen deutlich, was für ihre Handlungen relevant ist. Blicken die Beteiligten auf einen Bildschirm, bevor sie einen Knopf drücken? Behalten sie die Großbildleinwand im Auge, während sie telefonieren, und reagieren sie dann auf das Erscheinen einer Veränderung auf der Leinwand? Mit Schegloff (1968) betrachten wir dies als das entscheidende *Relevanzkriterium*: Was wir in der sozialwissenschaftlichen Analyse als Phänomen herausstellen, muss für die im Alltag Handelnden selbst relevant sein.

Im Verlaufe der Analyse entwickeln wir schrittweise ein immer genaueres Verständnis von der im Video aufgezeichneten Interaktion. Wir rekonstruieren, wie die Akteure eine bestimmte Ordnung in ihre Handlung bringen, wie sie sich aufeinander beziehen und abstimmen und gemeinsam (nicht notwendigerweise konfliktfrei) ein Ergebnis hervorbringen. Am oben eingeführten Beispiel haben wir begonnen zu zeigen, wie ein Gespräch auf einem Straßenmarkt ansetzt.

Interpretation und Analyse richten sich also im Wesentlichen auf das, was wir hier den »intrinsischen Zusammenhang« nennen. Damit ist gemeint, dass nicht auf Wissen über die soziale Lage der Handelnden, ihre psychische Konstitution oder ihre außerhalb der Aufzeichnung geäußerten Motivationen Bezug genommen wird, sondern die aufgezeichneten Abläufe allein in ihrem systematischen Zusammenhang betrachtet werden. Dieser Zusammenhang zeigt sich einerseits im Kontext, den wir aus der Videographie kennen und beschreiben können und zweitens in der sequenziellen Ordnung, die wir zu entschlüsseln suchen.

In der Interaktion sind einzelne Redezüge und Bewegung sowie ihre sequenzielle Verknüpfung die Grundeinheit der Analyse. Auf der Basis der Reflexivität kann allerdings davon ausgegangen werden, dass die Handelnden selbst die Markierungen für Grenzen des Handlungszuges anzeigen – und eben Anzeichen dafür bestehen, wann ein Zug von einem anderen Sprecher fortgesetzt werden kann. Zentral für diese Festlegung ist die Einbettung des

---

32 Dabei sollten wir selbstverständlich nicht vergessen, dass wir, wie in den vorigen Kapiteln ausgeführt, durch die Auswahl des Bildausschnitts selbst einen Beitrag zur spezifischen Herstellung des Videos leisten und die einhergehenden Selektionen des abgebildeten Geschehens mitreflektieren müssen.

Analyse

Handlungsschrittes in eine interaktive Sequenz. Was immer als relevant für einen nächsten Zug angesehen werden kann, ist dann der vorgängige Zug. Die Beobachtung eines Ablaufs ist also zugleich mit einer Beobachtung einzelner Züge verbunden. Allerdings sollte man auch hier keine substanzialistischen Folgerungen anstellen: Ohne Ansehen der Daten – und der Arten der Handlungen der Akteure – lässt sich die Einheit der Handlung nicht festlegen. Zudem ist diese Festlegung immer auch mit der Fragestellung und dem Genauigkeitsgrad der Beobachtungen verbunden: Während Heath etwa die Phasen des Hammerschlags eines Auktionators unterteilt und daraus interaktive (und zum Teil millionenschwere) Folgen festmacht, bewegen wir uns hier auf einer etwas gröberen Auflösungsebene, wenn wir uns fragen, welche Formen des Verkaufsgespräches es gibt.

Würden wir die im folgenden angeführte Sequenz weiterverfolgen, könnten wir erkennen, wie die Akteure gemeinsam diese Sequenz auch zu einem (vorläufigen) Ende führen und damit einen ökonomisch und rechtlich relevanten Akt konstruieren oder eben auch nicht, indem sie eine kleine kommunikative Gattung, wie etwa das Verkaufsgespräch, erzeugen. Wir könnten auch genauer beobachten, dass diese Sequenz gemeinsam erzeugt wird, auch wenn die verschiedenen Parteien, die in den Handlungsformen zum Ausdruck kommen, dabei unterschiedliche Strategien verwenden (Vielleicht dreht der Kunde noch eine Runde und hofft auf ein günstigeres Angebot zu einem späteren Zeitpunkt).

Das Vorgehen bedeutet also zunächst eine Sequenz genau zu rekonstruieren und dann angeleitet durch die Forschungsfrage Kontrastfälle auszuwählen (wie in Kap. 5 beschrieben). Anschließend werden diese beiden Fälle miteinander verglichen: Finden wir bestimmte Muster bzw. verschiedene Formen, ein Verkaufsgespräch zu eröffnen? Spielt das eine Rolle für die Frage, ob und was verkauft wird? Welchen Verlauf nehmen die Gespräche? Bilden sich typische Muster heraus?

Diese Zugänge zur Interpretation machen deutlich, dass es sich bei der Interaktions-Sequenzanalyse nicht lediglich um eine behavioristische Beschreibung äußerlichen Verhaltens handelt. Vielmehr geht es (a) um die Bestimmung der Ressourcen, des Wissens und der praktischen Überlegungen, die von den Handelnden selbst bei der Hervorbringung ihrer *in situ* stattfindenden sozialen Handlungen und Aktivitäten verfolgt werden; (b) um die Erforschung und Ausnutzung der sequenziellen Struktur, um herauszufinden, wie sich die Handelnden aneinander orientieren und sie mithilfe der Handlungen anderer koordinieren, und (c) um die Einbettung beobachtbarer Handlungsvollzüge in umfassendere Handlungszusammenhänge (Heath 1997b).

Videographie

Transkription und Analyse

Wir beginnen die Analyse dieses Segments zunächst mit einem rohen Transkript. Dieses stellt kein Ergebnis dar, sondern dient als Arbeitsdokument, um unsere Beobachtungen nach und nach zu entwickeln und festzuhalten. Als Ausgangsfassung eignet sich eine einfache Transkriptionsweise wie das GAT 2-Minimaltranskript. Sollten weitere Details ins Interesse rücken, kann man dieses anschließend unproblematisch erweitern. Fertigen wir nun eine Transkription des obigen Geschehens auf dem Straßenmarkt an.[33]

Segment Straßenmarkt 1

— H: Herbert (Kunde) J: Johanna (Verkäuferin) —

```
01  H:  was kosten denn die sachen im karton?
02  J:  äh (.) fünfzehn
03  H:  die anderen?
04  J:  die auf dem tisch kosten zwanzig
05  H:  (sind das) nur ältere designs, oder sind die auch ( ) fehler
        oder?
06  J:  [äähhhm, ne,
07      hh nene das ist auch wenn wir  jetzt überschuss haben und
08  H:                                                    [achso
09  J:  wir haben jetzt grad so viel das liegt jetzt auch hier drauf, aber hier
        drauf
10  H:                                      [achso
11  J:  aber hier kost das halt fünfzehn
12  H:  ok
13      (            )aussuchen
14  J:  nee, also bei manchen kanns sein dass mal soo äh irgendwas fehlge-
        druckt ist oder so
15  H:                                [ja ()
16  J:  dann landet das hier drin
17  H:  das sieht man dann aber
18  J:  oder hier zum Beispiel das sind ähm das .hh ist n neues druckverfahren
        was wir jetzt grad machen
19  H:  mmm
```

---

[33] Oft wird für Transkripte eine Proportionalschriftart (z.B. Courier) verwendet. Sie weist eine feste Zeichenbreite auf, um Überlappungen einfacher sichtbar zu machen.

20	J:	und ähm da passt halt die Farbe nicht, also wir haben das jetzt hier (0,3) auf der Farbe
21	H:	da sieht es besser aus
22	J:	aber wenn es hier jemandem gefällt dann kann er es auch für fünfzehn haben dann, oder verkaufen dann sozusagen die auch noch:hier sind zum beispiel hier in der kiste sind noch viele drin die eigentlich auch auf dem tisch liegen (0,4) und aber auch ältere designs
23	H:	mhhm
24	J:	genau
25	H:	ich guck noch ein bisschen (rum)

Bei der Transkription der verbalen Äußerungen wird sichtbar, dass eine dialogische Redesequenz vorliegt. Sie wird von der Frage des Kunden nach dem Preis eingeleitet, auf die hin die Verkäuferin ausführlicher die verschiedenen Waren am Stand vorstellt. Aber wir wollen nicht voreilig schließen, was hier passiert, sondern interessieren uns genauer für das *Wie*: Wie wird Kontakt hergestellt, wie werden die Waren angepriesen, wie kommt es schließlich zu einer Beendigung des Gespräches? Auf Basis der Transkription können wir mit der genaueren sequenziellen Analyse weiter vorgehen und uns fragen, wie ein bestimmtes Ergebnis interaktiv produziert wurde (in diesem Fall: wie kein Kauf zustande gekommen ist).

Dieser Logik folgend betrachten wir das Video in Datensitzungen wiederholt und achten sorgsam auf die genauen Details. Das Transkript dient hierbei der gemeinsamen Orientierung und eignet sich zudem vorzüglich zum Notieren von Beobachtungen. Wohlgemerkt bezieht sich die Analyse auf das *Video*, nicht auf das Transkript – selbst wenn uns das Betrachten des Transkripts zu interessanten Entdeckungen über die Eigenheiten der Sequenz führen kann, wie etwa ungleiche Sprechanteile oder bemerkenswerte Pausen. Wir betrachten die einzelnen Interaktionszüge, die sich als Äußerungen und Redezüge sowie auch als Bewegungen der Handelnden darstellen, und achten besonders auf die Reaktionen der Interaktionspartner, denn diese dienen uns als Kontrolle für unsere eigene Interpretation der Züge.

Konzentrieren wir uns nun noch einmal genauer auf den Anfang der Sequenz. Während wir beim Transkript erst mit der ersten Frage beginnen würden, zeigt sich auf dem Video, dass schon vor dem sprachlichen Austausch eine Interaktion stattfindet. Diese nichtsprachliche Interaktion weist also zwar keine »Redezüge« auf (deren Sequenzialität von der Konversationsanalyse ausführlich behandelt worden ist). Es kann aber auch hier eine Sequenzanalyse durchgeführt werden. Wir wollen dies dadurch illustrieren, dass wir einen kurzen Ausschnitt aus einer Datensitzung wiederge-

Videographie

geben, in der wir an diesem Videofragment gearbeitet haben.[34] Zum besseren Nachvollzug des analytischen Vorgehens empfehlen wir bei der Lektüre des nachstehenden Passus das unter http://www.soz.uni-bayreuth.de/de/videoanalysis/index.html verfügbare Video wiederholt abzuspielen und zu versuchen, die folgend notierten Beobachtungen daran nachzuvollziehen. Wir müssen vorausschicken, dass ein Teilnehmer der Datensitzung ethnographisches Wissen über den Kontext hatte, weil er selbst die Aufnahme angefertigt hatte (X). Die anderen Teilnehmer bemühten sich einerseits um die Interpretation von Beobachtungen, um ethnographisches Wissen und um analytische Überlegungen (die wir rot anzeigen und die auf die Notwendigkeit zur vergleichenden Betrachtung im internen Sample oder im ethnographischen Sample verweisen).

Auszug aus einer Feinanalyse-Datensitzung

X: Wir wollen erst mal beobachten, wie es am Anfang zur Kontaktaufnahme kommt. Ab wann können wir davon sprechen, dass sie in Interaktion treten? Wir haben ja bereits das Verbaltranskript vorliegen, aber vorher finden sich noch nichtsprachliche Züge.

[Abspielen der ersten 10 Sekunden des Videos]

X: Der »Kunde« geht nach links, wendet seinen Blick zur Verkäuferin und dann gibt es eine Überschneidung, als er in dem Moment ein T-Shirt auspackt und es sich anschaut.

[Erneutes Abspielen, Stopp bei Sek. 002]

Y: Hier?

Abbildung 10: Sek 002: Er nimmt Shirt

X: Ja, interessante Beobachtung, lass uns das genauer ansehen. Da sind bestimmt noch mehrere Teilschritte drin verschachtelt.

Y: Sie bewegt sich vorher schon in seine Richtung. Währenddessen summt sie »Mhm, Mhm« im Rhythmus ihrer Schritte auf den Kunden zu.

---

34 Es handelt sich hierbei um eine etwas gestraffte Darstellung einer Datensitzung. Genauere empirischer Analysen von Datensitzungen finden sich bei Tuma (2012a, 2012b), Knoblauch & Schnettler (2012) sowie bei Tutt & Hindmarsh (2011) und bei Hindmarsh & Tutt (2012). Wir danken den Teilnehmerinnen des 2012 durchgeführten Seminars zu Videointeraktionsanalyse an der TU Berlin, in dessen Rahmen eine Beispielanalyse hergestellt wurde.

X: Sie scheint zielgerichtet in die Richtung zu gehen, wendet sich aber den Gegenständen zu. Scheinbar hat sie hier verschiedene Aufmerksamkeitspole.

Y: Es sieht so aus, als gäbe es eine Raumstruktur, die hier eine Rolle spielt. Es ist eine Art Tresen. Und diese Raumstruktur, die wir aus unserer ethnographischen Arbeit kennen – wo ist was und welche Bedeutung hat es –, spielt in der Interaktion eine wichtige Rolle. Um sie deuten zu können, müssen wir diese räumliche Anordnung in der Analyse genau beachten.

Abbildung 11: Sek 004 »Mhm«   »Mhm«

> Dies ist eine analytische Überlegung, welche in der Datensitzung entwickelt wird, als Memo notiert werden sollte und für die Datenselektion und die theoretischen Schlüsse relevant werden kann.

Z: Dazu muss man wissen, dass vor ihr hier ihre Utensilien stehen und dass dies genau die Position ist, an der sie normalerweise steht.

Y: In den Kisten sind verschiedene günstige T-Shirts und Pullover. Vorne am Stand liegen Anstecker und gefaltete »hochwertigere« T-Shirts, die nach Motiven sortiert sind. Es gibt kein Schild, das den Preis angibt. Das ist von den Verkäufern explizit geplant, damit gefragt wird, weil das ein Flohmarkt ist. Hinter dem Stand hängen weitere T-Shirts am Stand, die die Motive zeigen.

> Hier wird ethnographisches Wissen expliziert, das im Rahmen der Feldforschung und Datenerhebung erhoben wurde. Inwiefern es für die Analyse relevant ist, muss am Material nachgewiesen werden

Z: Gibt es also so etwas wie privilegierte und weniger privilegierte Ware?

Y: Ja, genau. Das unter dem Stand sind die aktuellen Produkte, in den Kisten die älteren oder mit kleinen Fehlern. Das äußert sie später auch noch auf Nachfrage.

Z: Lasst uns wieder zurück zur Interaktion kommen – der Raum, die Objekte spielen hier ja direkt eine Rolle, und die Akteure beziehen sich explizit darauf.

[Erneutes Abspielen des Videos bis zum Gesprächsbeginn]

Videographie

Z: Schau mal, schon während der Kunde herankommt, blickt sie herüber.

Abbildung 12: Sek 002: Ihr Blick

Jetzt nimmt sie eine Art Wechselstellung ein. Bereits im Drehen geht sie rüber, als ob sie den Blick halten wollte. Und dann geht sie in eine Art »Monitoring-Haltung« über.

Sie hält den Blickkontakt nicht, aber sie behält ihn dennoch im Auge. Damit zeigt sie ihm an, dass sie ihn sieht – und er sieht das auch.

X: Wir können also beobachten, dass sie weniger auf den Interessenten an der Kiste zugeht, sondern vielmehr er ihre Aufmerksamkeit auf sich zieht?

Abbildung 13: Sek 002: Monitoring

Das Gegenmodell hierzu wäre der Verkäufer, der auf den Kunden zugeht, sobald er in den Raum eintritt.

> Dies stellt eine weitere analytische Überlegung dar

Y: Sie präsentiert sich also nicht als Verkäuferin, die sich aufdrängt, sondern produziert, auch durch ihre Beschäftigung mit Dingen am Stand, die wir beobachten können, ihre Unaufdringlichkeit. Zeigen kann man das an ihren Zu- und Abwendungen. Außerdem führt sie eine Art Selbstgespräch (»mhm, mhm«), das mit ihrem Schritt koordiniert ist. Damit signalisiert sie dem Interessenten ihre Aufmerksamkeit bei gleichzeitiger Abwendung und gibt ihm die Chance, sie anzusprechen.

X: Diese Züge überschneiden sich aber teilweise – ist das nun ein Zug oder sind das mehrere hintereinander?

Analyse

Z: Der Zug ist offenbar die Handlung. Denn hier vollzieht sie mit einem Zug gleich mehrere Handlungen: Sie steht da und überwacht die Kundschaft; zugleich aber gibt sie zu erkennen, dass sie für diesen Kunden ansprechbar ist, eine Handlung, die sie durch die Bewegung auf ihn zu angedeutet hat, die für ihn sichtbar war, ohne sich jedoch an ihm auszurichten.

Y: Wenn wir das genauer beschreiben, so bleibt der Kopf eine ganze Weile darauf gerichtet, fast 2 Sekunden lang (Sek. 3–4,5), und dann geht sie in diese Stellung, die wie eine Wartestellung aussieht, bei der sie aber eine Art Monitoring betreibt und den Kunden im Augenwinkel hält. Dass sie eine Wartestellung einnimmt wird durch die nächsten Züge bestätigt.

Z: Ja, denn zunächst blickt sie von ihm weg – aber genau koordiniert mit seinen Bewegungen. Er packt derweil das T-Shirt aus; genau die Zeit, die er zum Entfalten des Objektes benötigt, sieht sie weg, um sich dann wieder ihm zuzuwenden (Abbildung 13A). Gleich danach aber, im nächsten Zug, in dem sie eine andere Tätigkeit zu beginnen andeutet (Abbildung 13 B), kommt der Interessent dazwischen und nutzt diesen Übergang, um ein Gespräch zu beginnen. Das ist haarfein aufeinander abgestimmt und zeitlich miteinander koordiniert (Sek 10–11.)

Abbildung 14: *Auftakt der Interaktion*
(A) sich ihm zuwenden; (B) andere Tätigkeit – Anstecker

Die Wartehaltung könnte man so deuten, dass sie die Verfügbarkeit zur Interaktion signalisiert.

Vielleicht könnte man diese Haltung mit anderen Verkäufertypen vergleichen – mit dem Marktschreier; möglicherweise unterscheiden sich Verkäufer auch dadurch voneinander, ob und wie sie diese Haltungen einnehmen. Betreiben vielleicht »schlechte« Verkäufer kein solches »Monitoring« und geben »gute« beim leisesten Zeichen der Klienten die Wartehaltung auf? Vielleicht ist das auch schon in der Literatur behandelt. Falls das hier von Interesse wäre, müssten wir das überprüfen.

Dies stellt eine weitere analytische Überlegung dar

Videographie

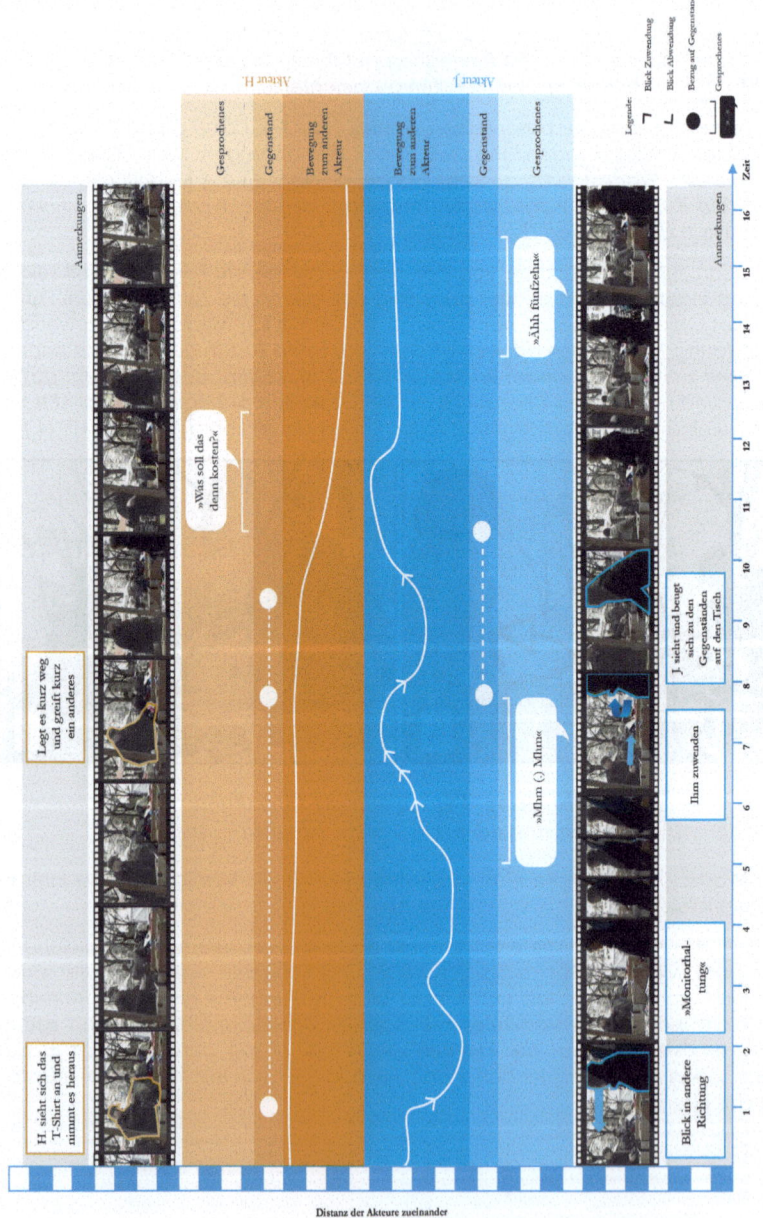

Abbildung 15: Visuelle Transkription der Annäherung

Analyse

In der Datensitzung werden verschiedene Interpretationen der gefilmten und durch das Video rekonstruierbaren Interaktion hergestellt. Zunächst geht es um Beobachten und genaues Beschreiben der Abläufe. Das geht bereits mit einer ersten Alltagsinterpretation dessen einher, was in dem Datenfragment abläuft. In der Datensitzung werden von den Beteiligten verschiedene Beobachtungen geäußert und am Material bestätigt oder nach genauerer Betrachtung wieder verworfen. Während dieser Beobachtungen entwickeln die Teilnehmenden üblicherweise gleichzeitig theoretische Modelle und Beschreibungen (etwa Ideen für Verkäufertypen wie »aufdringlich«, »weniger aufdringlich« usw.). Diese bewegen sich jedoch auf der Ebene der analytischen Fragen (Konstrukte 2. Ordnung) und können nur durch den Vergleich mit anderen Sequenzen und auf Basis breiterer Empirie weiter ausgearbeitet und verfeinert werden (siehe Kap. 5). Dennoch sollte man diese zumeist spontan auftretenden Ideen in den Datensitzungen nicht abtun, sondern als Memos zur späteren Überprüfung festhalten.

Im Anschluss an die Sitzung müssen die Ergebnisse noch einmal »ins Reine« geschrieben werden. Es bietet sich in oben beschriebenem Fall an, ein genaueres Feintranskript der Sequenz herzustellen. Dieses Feintranskript beinhaltet nicht mehr nur die gesprochenen Redezüge, sondern auch die visuell beobachteten und aufeinander abgestimmten körperlichen Züge. Das Transkript links skizziert den Versuch, die sequentielle Folge der Annäherung der beiden Akteure, die im Begriff sind, ein Gespräch miteinander zu beginnen, visuell darzustellen (siehe Infokasten »Visuelle Transkription«).

Infobox: Visuelle Transkription

Es gibt mehrere Möglichkeiten, sichtbare Bewegungen zu transkribieren. Grundsätzlich lassen sich hierbei zunächst zwei Vorgehensweisen unterscheiden: die Erweiterung von Transkripten um zusätzliche Annotationen und der Ausbau der Transkripte zu komplexen Partituren.

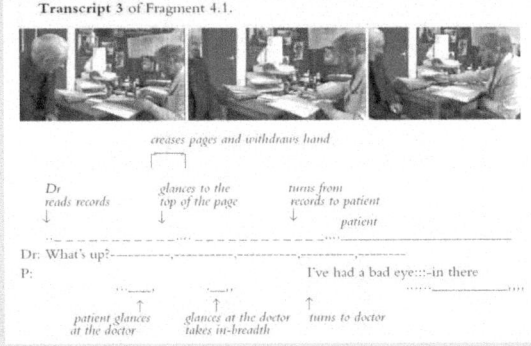

Erweiterte Transkripte

Abbildung 16:
Erweitertes Transkript
(aus Heath, Luff &
Hindmarsh 2010: 74)

Videographie

Als Wegbereiter in der Videoanalyse und im Bereich der visuellen Transkription hat Christian Heath sehr früh begonnen, visuelle Handlungszüge zu transkribieren. Dazu nutzte er Millimeterpapier, um darauf sehr genau den sequenziellen Aufbau der Interaktionsabläufe zu rekonstruieren.
Für Publikationen können solche Transkripte aufbereitet werden, was sich dann wie in Abb. 16 dargestellt gestaltet (siehe auch Kapitel 7). In dieser Form wird die Sequenzialität aufrechterhalten, aber gleichzeitig die in der Sequenz relevanten non-verbalen Handlungszüge mitaufgenommen. Wichtig ist hierbei vor allem die Relevanz: Die Transkription folgt einem Prinzip der Sparsamkeit: Eingefügt wird, was für die Akteure relevant ist – die Handlungszüge, welchen durch Reaktion Sinn attestiert wird. Das herauszuarbeiten ist das Ziel der Interaktionsanalyse.

Partiturschreibweise

Ein zweites Transkriptionsverfahren ist das der Partiturschreibweise, wie sie bereits früh von Luckmann und anderen entwickelt (siehe Interviewpassage S. 28) und vielfach angewandt wurde. Hierbei werden Videoaufnahmen in verschiedene Modalitäten aufgeteilt und diese systematisch abgetragen. Mittlerweile gibt es eine Reihe von Softwareprogrammen, die diese Transkription technisch vereinfachen. Ein Beispiel hierfür findet sich in der Feldpartitur. Sie eignet sich jedoch vor allem für Video-Produkt- oder Medienanalysen, da hier großes Augenmerk auf zusätzliche Dimensionen wie Vertonung und Schnitt gelegt werden, die in der Interaktionsanalyse keine Rolle spielen.

Appendix: Score "DDR – Show"

Cut	Time (sec.)	Visual Data				Audio Data	
		Setting	Camera	Body	Head	Speech	Music
1	1	Witt and Geissen sitting on a modern sofa in front of a background, dominated by red and brown colours. Witt wears a dark blue pleated skirt, which ends at her knees, a formfitting white blouse with epaulettes, and a knotted scarf. Her short braids are held together by rubber bands. Geissen in a dark blue striped suit, orange shirt with opened collar, styled scrubby hair.	Knee shot slightly from the left.	Distance between the bodies 1 meter. Geissen's right arm outstretched on the sofa's backrest in direction to Witt. His left arm resting on his thigh. Witt sitting upright, both arms outstretched and hands on her closed knees.	Geissen stares at Witt's blue scarf, smiling.		
	2			Witt turning to the right and sitting up grasps and lifts the lappets of her scarf with both hands	Witt turns her head to the right side. Witt turns her head to the left side. Looking at Geissen. Geissen still staring at the scarf.	Geissen: "Eine Jungpioniers-uniform."	
	3					Witt: "Ja."	
2	4	Bright background; two bright spots right to Witt's mouth.	Close-up view on Witt, slightly from the right side; Witt slightly right from the center of the picture; her mouth in the golden section.	Witt plays with the lappets of the scarf. Witt drops the lappets. She lifts her shoulders and stretches her back.	Witt turns her head to the left side, lets her head fall on to the right. Witt raises head and chin, eye impact, purses her lips.	Witt: "Ich komme sozusagen" als Jungpionier	
	5			Witt drops her shoulders and unbends her back.	Witt closes her eyes and smiles at Geissen.	heute."	
	6					Geissen: "Ja."	

Abbildung 17: Beispiel für eine Partitur
(aus Raab & Tänzler 2006: 97)

Es gibt noch eine Reihe weiterer Programme, die die Anfertigung solcher Partituren erleichtern. Viele davon stammen aus der Linguistik, wie etwa ELAN, oder Transana, andere aus der Forschung in der Filmanalyse wie etwa Moviescript.

Analyse

Transkription »im Video«

Die dritte, momentan noch in der Erprobung befindliche Möglichkeit besteht darin, bei der Analyse auf text- oder tabellenförmige separate Transkripte ganz zu verzichten und direkt im Video zu transkribieren. Die dazu erforderliche Software verlangt aber bislang noch erhebliche Einübung, die stets zu Lasten der verfügbaren Analysezeit geht. Hier sind kluge Abwägungen erforderlich. So effizient Software sein kann, so hemmend ist die Zeit und Anstrengung, die ihre Beherrschung erfordert. Programme aus der Sportanalyse (wie Kinovea oder Dartfish) oder dem Videoschnitt (wie Adobe Premiere) erlauben es, Bewegungen, Blicke etc. sehr genau im Video zu markieren, und zwar nicht allein im stehenden, sondern im laufenden Bild. Damit eröffnen sich der Videointeraktionsanalyse vollkommen neue Perspektiven. Die entsprechenden technischen Entwicklungen sind recht vielversprechend. In Datensitzungen ist es jedoch bislang zumeist einfacher, auf simple Texttranskripte zurückzugreifen.

Wir sind mit dieser vereinfachten Darstellung der Analyse tiefer in einige Details vorgedrungen – die Bewegungen des Kopfes, das Summen eines »Hm, Hm« und das Hochheben eines T-Shirts sind Teile einer Interaktion. Eine Frage, die sich nun stellt, ist diejenige nach der Genauigkeit – nach der Feinauflösung der Analyse. Diese richtet sich nicht nach festen Vorgaben, sondern nach der Forschungsfrage und den Relevanzen der Akteure. Bei einem Pokerspiel kann ein zusammengekniffenes Auge, bei einer Auktion eine feine Bewegung des Hammers eine alles entscheidende Rolle spielen – wohingegen in anderen Situationen diese Details völlig in den Hintergrund treten. Dies wissen aber auch die Akteure und handeln entsprechend. Und beim Verkaufsgespräch kann, wie hier gezeigt, die Sequenz der Kontaktaufnahme von Verkäufer und Kundin betrachtet werden. In einer etwas gröberen Betrachtung kann auch die Form des gesamten Gesprächs und der Aushandlung zum Gegenstand werden, während man in einer noch »feineren Auflösung« sogar die Unterschiede zwischen Verkaufsgesprächen unterschiedlicher Schauplätze als Varianten des »Marktes« analysieren könnte.

Wir haben am Beispiel der kurzen Sequenz auf dem Straßenmarkt gezeigt, welche Arbeitsschritte erforderlich sind, um Fragmente aus dem Datenkorpus einer genaueren Feinanalyse zu unterziehen. Dies ist das Herzstück der hier vorgestellten interpretativen Videoanalyse. Deren Rückgrat bilden regelmäßige Datensitzungen, in denen am Material gearbeitet wird. Im Anschluss können sich neue Erhebungsphasen anschließen, bis die Forschung gesättigt ist. Sehr wichtig ist es, Zwischenergebnisse in Form von Protokollen zu fixieren. Sie bilden neben den Transkripten und den Videofragmenten das notwendige Ausgangsmaterial, auf das sich spätere Berichte, Aufsätze und andere Formen der Ergebnispräsentation stützen. Dazu ist es wichtig, dass die Bezüge der analytischen Notizen und Auswertungen zu den Transkriptauszügen und Videofragmenten sorgsam fixiert werden. Das spart Arbeit für den letzten Schritt, der Darstellung der Ergebnisse videographischer Forschung, der wir uns im nächsten Kapitel widmen.

> **Übungsfragen**
>
> → Welche **Analyseeinheiten** (Fragmente) sind für Feinanalysen geeignet?
> → Welche Rolle spielt das **typische Verstehen**?
> → Welche Handlungsschritte vollzieht man bei der Analyse?
> → Was sind **Datensitzungen**? Wozu verwenden wir Transkripte?
> → Was bedeutet hier **sequenzielle Analyse**?

7 Formen der Ergebnispräsentation

Für die Ergebnisdarstellung von Studien, die auf videographischen Daten beruhen, stellen sich beträchtliche Herausforderungen. Das hängt mit den Beschränkungen klassischer wissenschaftlicher Publikationsformen zusammen. Dieses Kapitel beschäftigt sich mit den verschiedenen Möglichkeiten der Darstellung videoanalytischer Forschungsergebnisse, diskutiert die dabei auftretenden Probleme und zeigt beispielhaft einige Lösungsmöglichkeiten auf.

Die Besonderheiten von Videodaten erfordern nicht nur ein Umdenken bei den Methoden, die zu ihrer Auswertung verwendet werden. Große Schwierigkeiten ergeben sich vor allem mit Blick auf die angemessene Darstellung der Ergebnisse. Im vorigen Abschnitt wurden bereits verschiedene Verfahren der Transkription von Interaktionen auf Grundlage von Videodaten dargestellt: Sie reichen von einfachen Rohtranskripten bis hin zu sehr detaillierten Annotationen einzelner Bewegungen und ihren Konnotationen. Diese Transkripte sind neben Standbildauszügen diejenigen videographischen Materialfragmente, die in sehr begrenzter Form in Texte eingearbeitet werden können.

In diesem Kapitel diskutieren wir die publikationsbezogenen Probleme gesondert, weil sich für Studien mit Videodaten in dieser Hinsicht größere Beschwerlichkeiten ergeben. Das hängt ganz wesentlich mit der Notwendigkeit zusammen, dass audiovisuelles Material in Textform übertragen werden muss. Außerdem existieren bislang noch keine festen Darstellungskonventionen für die Videoanalyse. Das stellt Forschende vor die Aufgabe, sich entweder den jeweils herrschenden Publikationseinschränkungen zu beugen oder nach kreativen neuen Lösungen zu suchen. Bei Qualifikationsarbeiten und Forschungsberichten sind Einschränkungen leichter zu überwinden. Manche Zeitschriften aber setzen zum Beispiel ein Maximum an Abbildungen fest, die den Text begleiten dürfen. Und selbst wenn Farbabbildungen immer gängiger werden, können Aufsätze in einigen Sammelbänden nur in schwarz-weiß erscheinen. Das ist mit großen Anschaulichkeitsverlusten verbunden. Dabei darf nicht verschwiegen werden, dass die Aufbereitung von Videoauszügen für die Publikation mit erheblichen Mühen und Kosten verbunden ist. Nicht dies allein hemmt die Videoforschung. Es stellt sich das viel grundlegendere Problem der Transformation von synchron laufenden Bild- und Tondaten in Schriftdokumente. Solange die akademisch legitimierte Publikationsweise an bestimmte *Text*gattungen gebunden ist, sind videographisch Forschende hier vor besondere Probleme gestellt.

Videographie

Darstellungsweisen videographischer Analysen

Im Verlauf der Forschung entwickeln wir mit der Zeit Interpretationen und Theorieansätze über Zusammenhänge, bestimmte Verlaufsformen oder Typen der beobachteten Interaktionen. Diese basieren auf am Material entwickelten Fragen und Begriffen, die wir zur Beschreibung des Beobachteten verwenden können. Zur Darstellung der Ergebnisse unserer Auswertungen müssen die Einzelanalysen und die aus ihnen abgeleiteten theoretischen Konzepte im Rahmen eines textlichen Argumentationszusammenhangs so verdeutlicht werden, dass sie für die Rezipienten nachvollziehbar und verständlich werden.

Weil die Argumentation des Analysetextes auf audiovisuellen, sequenziell ablaufenden Phänomenen basiert, sollte für die Darstellung der einzelnen Auswertungsschritte eine entsprechende Form gewählt werden. Für die Präsentation qualitativer Daten stehen uns gewöhnlich eine Reihe von Mitteln zur Verfügung, die wir bereits im Kapitel zur Analyse ausgeführt haben (vgl. oben S. 101). Um Ergebnisse sichtbar zu machen, werden vor allem drei Darstellungsformen verwendet:

Textförmige Beschreibungen

Textförmige Beschreibungen sind die in wissenschaftlichen Publikationen sicherlich dominante Form der Darstellung des Visuellen. Wir alle arbeiten mit Büchern, Aufsätzen und anderen Texten, die zumeist in gedruckter Form vorliegen, wenngleich heute schon verschiedene Varianten digitaler Veröffentlichungen auf verschiedensten technischen Displays zum Einsatz kommen. Textuelle Beschreibungen, wie sie auch in der Ethnographie häufig vorkommen, erlauben es, bestimmte Qualitäten einer Situation zu erfassen. Der besondere Vorteil besteht darin, dass sie es zumindest annäherungsweise erlauben, die Erfahrungen der Forschenden nachvollziehbar zu machen: Eine gute Beschreibung ermöglicht es Leserinnen und Lesern, sich in die Situation »hineinzuversetzen« und liefert Eindrücke, die sich nicht auf Bildern oder in Transkripten zeigen. Dabei wurde seit einigen Jahrzehnten sehr klar herausgestellt, dass auch ethnographische Beschreibungen besonderen Darstellungskonventionen folgen, die literarischen Gattungen nicht unähnlich sind. Diese »Writing Culture-Debatte« (Geertz 1986) hat sich auf die Frage ausgeweitet, wie die Formen der visuellen Darstellung das prägen, was man im Unterschied etwa zum künstlerischen Schaffen als Ergebnis wissenschaftlicher Forschung ansehen darf (Banks & Morphy 1997). Auf eine textförmige Darstellung kann kaum

Ergebnispräsentation

verzichtet werden. Umso bedeutsamer ist es, die Eigenheiten textlicher Darstellungslogik zu reflektieren. Sie können den Charakter der Ergebnisse sehr stark verändern. Außerdem sind der sprachlichen Beschreibung gewisse Beschränkungen eigen, die es immer wieder erforderlich machen, entsprechende Originalauszüge aus dem Videomaterial in die Publikationen mit einzuarbeiten.

Transkriptauszüge

Transkripte stellen eine Transformation gesprochener Sprache in Schrift dar, die dank ihrer besonderen Struktur die Sequenzialität des Beschriebenen bewahren. Sowohl reine Text- als auch feine Bewegungstranskripte reduzieren jedoch die Vielfalt der Beobachtungen auf einzelne Spuren bzw. »Modalitäten«, die genau fokussiert und in der Abfolge sichtbar werden, jedoch weniger in ihrer spezifischen Qualität. Wie in Kapitel 6 bereits erläutert, existiert eine Reihe von standardisierten Konventionen (sowie entsprechende Computerprogrammen), mit denen die Transkription vereinfacht wird. Diese Standardisierungen haben sich bislang jedoch erst für die sprachliche Dimension etablieren können. Die nahezu unbegrenzte Vielfalt des visuell Abbildbaren widersetzt sich bislang derartiger Standardisierung.

Momentan ist es daher gängig, für jeden Forschungsgegenstand eine spezifische Transkriptionskonvention zu entwickeln. Denn die Relevanzen und Aspekte dessen, was für den jeweiligen Fall über den verbalen Austausch hinaus transkribiert werden soll, sind von Fall zu Fall unterschiedlich und immer je neu am Material zu bestimmen: Das mag den genauen Zeitpunkt eines Tastendrucks in einem Kontrollraum betreffen (Heath & Luff 2000), das Heben des Hammers bei einer Auktion (Heath 2013) oder die exakte Bewegung eines Laserpointers (Knoblauch 2008). Relevant ist, in welcher Relation dies zu anderen Handlungszügen steht. Darstellerische Kreativität ist vor allem dann nötig, wenn spezifische visuelle Elemente von Bedeutung für die Interaktion sind. Methodologisch wenig sinnvoll ist es indes, angeblich relevante kommunikative Modalitäten ex ante festzulegen und auf Verdacht mitzutranskribieren.

Transkripte können den Nachvollzug der Analyse erleichtern, weisen allerdings auch erhebliche Grenzen und Probleme auf. So ist für sogar für erfahrene Leser häufig schwierig, die in Textform beschriebene Situation des Videos zu erfassen. Transkripte des Gesprochenen erleichtern (sofern gesprochen wird) die Beobachtung der sequenziellen Ordnung des gefilmten Ereignisses. Leserinnen und Leser, die mit der Konversationsanalyse vertraut sind, werden auch Detailtranskripte schnell begreifen und sich auf

Videographie

einzelne Details wie Pausen, Überlappungen und linguistische Eigenheiten konzentrieren können. Verfügt man aber, wie die Mehrzahl der Sozialwissenschaftler, über keine gesprächsanalytischen Vorkenntnisse, muss man sich damit erst vertraut machen. Dabei hilft die eigene Transkriptionspraxis, die deswegen nicht an Hilfskräfte abgegeben werden sollte. Transkriptionssysteme erlauben es, zeitliche Abläufe der Interaktionen abzubilden. Im Video sind aber auch dauerhafte und permanente Elemente enthalten, die in vielen Transkriptionen verloren gehen. Die visuellen Elemente – die Farbe, die Helligkeit, das räumliche Setting, die Kleidung der Akteure, das genaue Aussehen von Mimik und Gestik, etc. –, all das tritt in Transkriptionen kaum auf. Durch Standbilder kann dies wenigstens behelfsmäßig repräsentiert werden.

Eine zu große begriffliche Abstraktion vom Gegenstand führt häufig dazu, dass Lesern das Verständnis der ablaufenden Handlung erschwert wird. Die Verfasser der Analyse sind möglicherweise mit den Daten sehr vertraut, denn das Video wurde im Verlaufe der Studie ja zigmal, manchmal hundertfach betrachtet. Oft überträgt man diese Vertrautheit bei der Vorbereitung der Ergebnisdarstellung fälschlich auf die Rezipientinnen und vergisst, dass sie die Datenfragmente zum ersten Mal sehen. Möglicherweise können sie das, was sich den Forschenden schrittweise im Verlauf der Forschung erkenntlich gegeben hat, nicht auf Anhieb verstehen.

Standbilder und Skizzen

In der versprachlichten Textform bietet es sich aus Gründen der Verständlichkeit deswegen an, zumindest ein Überblicksfoto der gefilmten Situation einzufügen. Damit wird es Leserinnen und Lesern erleichtert, die Situation vor dem Hintergrund ihres Alltagswissens zu verstehen. Besonderheiten müssen im Text erläutert werden. Darüber hinaus sollte auch eine Art Lese-Anleitung gegeben werden.

Bei der Verwendung von Bildmaterial in Publikationen sind allerdings verschärfte Anforderungen an die Forschungsethik zu berücksichtigen. So mag es noch legitim sein, Material aus dem Feld in internen Datensitzungen auszu-

Abbildung 18: Skizze aus einer Videosequenz mit einer Straßenmarktverkaufsinteraktion

werten. Spätestens bei der Veröffentlichung muss jedoch auf eine sehr strikte Handhabung der entsprechenden Einwilligungen geachtet werden. Zuweilen verweigern es die aufgezeichneten Akteure, Bilder von ihnen zu veröffentlichen, weil sie anonym bleiben wollen. In solchen Fällen bietet sich als einfache Lösung die Verfremdung von Teilen des Bildes an. Wenn das nicht ausreicht, kann man möglicherweise eine Nachzeichnung in Gestalt einer Skizze anfertigen (vgl. Abb. 18). Eine solche Nachzeichnung besitzt den weiteren Vorteil, dass sie im monochromen Druck auf Papier besser zu erkennen ist und es erlaubt, die wichtigen Gesten und Körperhaltungen einfacher hervorzuheben.

Diese Darstellungsform lässt sich auch in eine sequenzielle Ordnung bringen, wie es in den Publikationen von Heath (1986, 1994b) seit langem praktiziert wird. Auch die Darstellung auf S. 100 im vorigen Kapitel nutzt diese Form. Eine andere, durchaus reizvolle Darstellungsvariante stellt das von Plowman & Stephen (2008) vorgeschlagen Comic-Format dar. Es kann sich auf eingespielte Sehgewohnheiten für Bildsequenzen stützen. Für Printpublikationen bieten die geschilderten Vorgehensweisen recht praktikable Möglichkeiten der Ergebnisdarstellung. Allerdings stellt sich dennoch eine asymmetrische Situation ein, die gerade in der qualitativen Sozialforschung störend ist, in der die symmetrische Nachvollziehbarkeit der Interpretationsschritte einen besonders hohen Stellenwert unter den Qualitätskriterien einnimmt.

Einbettung von Videodaten in Publikationen

Es ist ein bleibendes Desideratum, die besonderen Eigenschaften des Videos – etwa jederzeit vor- und zurückspulen zu können oder die Vorzüge von Zeitlupe, Schnelllauf, Pause, Vergrößerung etc. – den Lesenden in der Darstellung der Ergebnisse zugänglich zu machen. Für die Veröffentlichung videographischer Forschungsergebnisse haben sich in der Soziologie in dieser Hinsicht bislang noch keine einheitlichen Konventionen herausgebildet, wie sie etwa für gesprächsanalytisch untersuchte Audioaufnahmen in der Sprachwissenschaft existieren.[35] Dort werden in digital veröffentlichten schriftlichen Forschungsberichten oder Aufsätzen zumeist Audio- oder Videodaten in die Ergebnispräsentation eingearbeitet. Die Integration analysierter Videosequenzen gelingt dabei in elektronischen Publi-

---

35 Schütte (2007) gibt eine Reihe praktischer Hinweise zum Einbetten von Audio- und Videoauszügen in die wissenschaftliche Präsentation gesprächsanalytischer Daten.

Videographie

kationen dank der Möglichkeiten, Videos mit dem Text zu verlinken, immer einfacher. Deswegen haben viele mit Video arbeitende Forschende damit begonnen, die in ihren Texten analysierten Videoausschnitte online verfügbar zu machen. Zeitschriften erlauben es leider nur in wenigen Fällen, Videoausschnitte direkt in den Text einzufügen. Derzeit arbeiten aber immerhin einige Verlage an der Möglichkeit, Videos zugänglich zu machen.[36]

Bei der konkreten Einarbeitung der Videos besteht ein wesentliches Problem darin, dass die im Medium sprachlicher Beschreibungen und theoretisierender Formulierungen kommunizierten Analysen auf das Videomaterial bezogen werden müssen. Dafür sind weitergehende Lösungen erforderlich. Einerseits kann diese durch eine Referenzierung einzelner visueller »Evidenzen« im Text geschehen. Andererseits können Texte auch in die Videoclips eingetragen werden. Für Letzteres ist jedoch eine Einarbeitung in Video-Bearbeitungs-Software notwendig. Die meisten, auch einfacheren Programme bieten zumindest basale Möglichkeiten, Videos zu annotieren und mit analytischen Kommentaren zu versehen. In einigen Praxisfeldern der Videoanalyse (z. B. im Sport) wird dies seit langem praktiziert. Dieses Vorgehen erlaubt nicht nur eine verbesserte Überprüfbarkeit der Analyseergebnisse durch andere Forscher. Es befördert zudem einen gewissen ›Naturalismus‹ von Videodaten, weil Sequenzauszüge aus dem Datenkorpus präsentiert werden können und damit ein multimodaler Rückbezug zu den Situationen ihrer Erhebung möglich ist. Die Analyseschritte können an Auszügen aus dem Material demonstriert werden. Dadurch wird das Zustandekommen der Ergebnisse verständlich. Ebenso können die Forschungsschritte transparent gemacht werden, indem sie den kritischen Augen anderer Forscher ausgesetzt werden.

Beim Einfügen von Beispielen muss eine Auswahl vorgenommen werden. Die Selektion der geeigneten Datenausschnitte ergibt sich aus dem Forschungsprozess, jedoch kommen für die Publikation Erwägungen der Eignung des Materials zur Veranschaulichung hinzu. Immer wieder erstellt man Analysen von Sequenzen, bei denen es sich zeigt, dass sie sehr stark in den Kontext eingebunden sind, und bei denen die Nachvollziehbarkeit sehr stark an Hintergrundwissen gebunden ist. Dies zeigt sich bereits in den Datensitzungen, wenn Beteiligte, die das Forschungsfeld weniger gut kennen, viele Fragen stellen und längere Erklärungen einfordern. Diese Fälle erfordern auch in der Publikation entsprechende Erläuterungen. Oft

---

36 Allerdings werfen sich hier neue Probleme auf, etwa bezüglich der Langzeitarchivierung und anderer technischer und rechtlicher Schwierigkeiten. Außerdem ist die Anonymisierung bei audiovisuellen Daten weitaus aufwändiger als bei Standbildern.

finden sich jedoch im Datenkorpus idealtypische Fälle für ein Forschungsergebnis, an dem Befunde exemplarisch verdichtet dargestellt werden können.

Audiovisuelle Publikationen

In den verwandten Forschungsgebieten der visuellen Ethnographie wird intensiv an der rein filmischen und audiovisuellen Darstellung von wissenschaftlichen Forschungsergebnissen gearbeitet. Es gibt hier starke Überschneidungen mit dem Dokumentarfilm. In beiden Bereichen spielen die »reflexive« Darstellung der Forschenden sowie der Einbezug der Beforschten als aktive Produzenten der Filme eine große Rolle. In der Soziologie haben solche Formate jedoch bislang kaum Einzug gehalten. Momentan wird noch nach Möglichkeiten gesucht, die theoretischen Grundlagen und feinen Mikroanalysen mit filmischen Mitteln darzustellen.[37]

Fazit

In der Wissenschaft wird vor allem mit Texten gearbeitet. Aus diesem Grund werden Transkripte eine hohe Legitimität behalten. Das gilt auch für die videographische Forschung und deren Publikationen. Neben der faktischen Funktion der Präsentation von Details dienen sie ebenfalls als Ausweis von Sorgfalt und Methodenbeherrschung. Dennoch kann nicht oft genug betont werden, dass die Transkription alleine noch keine Ergebnisse produziert, sondern lediglich einen vorbereitenden Schritt zur Analyse und eine Mittel der »glaubwürdigen« Darstellung von Ergebnissen ist. Die Möglichkeiten der Darstellung werden im Moment noch nicht ausgenutzt. Die technischen Möglichkeiten des Filmes bergen weiteres Potential für neue Darstellungsformen visueller Analyse, die nicht auf Transkripte und Standbilder beschränkt sein müssen. Für die Entwicklung geeigneter anerkannter filmischer Darstellungsformate sind weitere zukünftige Anstrengungen erforderlich.

---

37 Versuche der Annäherung finden sich in Roman Pernacks Film zu PowerPoint Präsentationen (2007) und der dokumentarischen Begleitung eines religionssoziologischen Forschungsprojektes »Mysterium Film – Religion zwischen Andacht und Unterhaltung« (2012) durch Roman Pernack und Martin Zawadzki.

Videographie

> **Infobox: Vorträge und Präsentationen**
>
> Dank der Verfügbarkeit von Projektoren und der Leistungsfähigkeit der Rechner ist es heute kein Problem, ohne großen Sonderaufwand audiovisuelle Daten zu Datensitzungen, Workshops und Vorträgen mitzubringen und somit die Evidenzen in derselben Datensorte vorzustellen. Trotz der vermeintlichen technischen Einfachheit sollte man beachten, dass gerade der Einbezug von Video die Gefahr technischer Pannen bei der Präsentation vergrößert (Schnettler & Tuma 2007). Bei der Präsentation von Videodaten sind deshalb besondere Vorkehrungen zu treffen:
>
> - Nicht alle Videoformate sind mit den gängigen Präsentationsprogrammen kompatibel. Testen Sie die Videoformate vorher (auch vor Ort!). Es ist zumeist sinnvoll, Kopien der Daten in verschiedenen (auch älteren) Videoformaten mitzubringen.
> - Häufig sind projizierte Videobilder dunkler als auf dem Bildschirm. Suchen Sie deswegen die Funktion, um die Helligkeit und Kontrast (Gamma) des Videos einzustellen, vorher im Softwareplayer heraus.
>
> Weitere hilfreiche Hinweise zur Präsentation von Videodaten finden sich in Heath, Hindmarsh & Luff (2010: 109ff.)

Übungsfragen

→ Worin liegen Probleme der **Darstellung** videographischer Forschungsergebnisse?

→ In **welchen Formen** können Ergebnisse dargestellt werden?

→ **Welche Form** transportiert **welche Aspekte** besonders deutlich?

→ Wie können Daten **anonymisiert** werden?

8 Erträge und theoretische Anschlüsse

Im Schlusskapitel befassen wir uns mit der Frage, welche Beiträge die Videographie für die sozialwissenschaftliche Forschung leisten kann. Wie lassen sich ihre Erträge verallgemeinern? In welche theoretischen Fragestellungen und Kontexte können sie eingepasst werden? Für welche Forschungsgebiete eignet sich die Videoanalyse besonders? Wie lassen sich aus den Ergebnissen von Feinanalysen theorierelevante Ergebnisse gewinnen? Welche soziologischen Fragestellungen können mit Videoanalysen überhaupt bearbeitet werden? Zur Beantwortung dieser Fragen beleuchten wir einige naheliegende Anschlüsse videographischer Forschung an existierende soziologische Theorieansätze. Außerdem diskutieren wir das Potenzial und die Reichweite videographischer Untersuchungen zur Gewinnung neuer theoretischer Einsichten für die Sozialwissenschaften. Schließlich werden damit auch die Grenzen der Videoanalyse markiert.

Hatten wir uns bislang vornehmlich mit dem methodischen Vorgehen der Videoanalyse befasst, wenden wir uns nun einigen Anschlussfragen zu. Es geht um den *soziologischen Ertrag* videographischer Forschung. Damit erweitern wir die Perspektive. In den vorangegangen Kapiteln sind wir bereits detailliert auf die oszillierenden Bewegungen zwischen Datenerzeugung, -aufbereitung und Feinanalysen im Rahmen videographischer Untersuchungen eingegangen. Im Verlaufe des Forschungsprozesses reichern sich die Ergebnisse dabei immer weiter an. Der Erfahrung nach wird eine Forschung selten aus innerer Erschöpfung beendet. Zum Abschluss drängt vielmehr meistens die schlichte Notwendigkeit, eine Qualifikationsarbeit, einen Forschungsbericht oder einen Aufsatz verfassen zu müssen. Ein wirkliches Ende der Forschungsanstrengungen bedeutet das meistens nicht. Häufig werfen sich im Verlauf der Untersuchung neue Fragen auf, ursprüngliche Annahmen werden im Lichte der Ergebnisse revidiert oder neue Fragehorizonte aufgestoßen. Mitunter ist der Datenberg dabei enorm angewachsen. Eigentlich könnten wir mit der Analyse immer weiter fortfahren. Manches wird aber zurückgestellt werden müssen und kann erst in Anschlussprojekten bearbeitet werden.

Insofern ist es keineswegs als Mangel zu verstehen, wenn nicht alle erhobenen Daten bis ins Letzte untersucht werden konnten. Im hermeneutischen Zirkel bewegen wir uns immer weiter voran. Selbst wenn diesem Verständnis nach ein Abschluss kaum sinnvoll festgelegt werden kann und wie vorläufig sie auch immer sein mögen: Ergebnisse müssen fixiert werden. Und sie sollten in Bezug zu bestehenden theoretischen Horizonten in der Soziologie gesetzt und daraufhin reflektiert werden. An diesem Punkt des Forschens lautet die Aufgabe: Schreiben. Das bereitet den meisten von uns Mühe. Für die Videoanalyse birgt es besondere Erschwernisse, weil audiovisuelle Daten in Textform nur unzulänglich repräsentierbar sind. Im vorangehenden Kapitel 7 haben wir die Frage behandelt, wie die Ergebnisse audiovisueller Analysen publiziert und wie die engen Grenzen der schriftsprachlichen Publikationsformen überwunden werden können. Abschließend erörtern wir, wie sich die mit der Videoanalyse erarbeiteten Ergebnisse verallgemeinern und in theoretische Zusammenhänge stellen lassen. Welche soziologischen Fragen lassen sich überhaupt mit diesem Forschungsansatz beantworten? An welche Theorien und Forschungsgebiete finden Ergebnisse videographischer Forschung leichte Anschlüsse? Und welche Grenzen sind der Videoanalyse gesetzt?[38]

Interaktions- und Kommunikationsforschung

Den weitaus breitesten Beitrag liefern die hier skizzierten videographischen Untersuchungen zum Gebiet der *Interaktions- und Kommunikationsforschung*. Auf die engen Verbindungen zur ethnomethodologischen Konversationsanalyse und den daraus hervorgegangenen gesprächsanalytischen Studien sind wir im Eingangskapitel (s. oben S. 14) bereits ausführlich eingegangen. Videoanalysen reichern dabei die analytische Perspektive entscheidend an, weil sie neben dem verbalen Austausch weitere sichtbare Kommunikationsmodalitäten mit in den Blick zu nehmen erlauben. Deswegen ist die Analyse von Interaktionen als klassischer Gegenstand der »Mikrosoziologie« ein natürliches Feld der Videographie (z.B. Katz 1999). Daneben werden videographische Studien auch stark in der von der Konversationsanalyse inspirierten empirischen Gesprächsforschung eingesetzt. Dabei hat die Verwendung von Videoaufzeichnungen gegenüber Audioaufnahmen zu einer Reihe von Entdeckungen geführt, die das Zusammenwirken verschiedener Modalitäten betreffen und die unter dem Begriff ›Multimodalität‹ diskutiert werden (Mondada 2007). In dieser stark an der Ethnomethodologie geschulten Forschungsperspektive, die sehr eng mit sprachwissenschaftlichen Perspektiven verflochten ist, führen Videoaufnahmen zu genaueren Beschreibungen derjenigen Kommunikationsvorgänge, deren Zusammenwirken für die Erzeugung spezifischer Situationen

---

38 Dabei müssen wir von der Nutzung der Videoanalyse in angewandten Feldern absehen. Ergebnisse werden dort häufig nicht in schriftlicher Form wissenschaftlich veröffentlicht, wie es etwa im Coaching von Erziehern und Erzieherinnen, in der Mediation oder im Rhetoriktraining der Fall ist.

charakteristisch sind. Beispielsweise zeigen Birkner & Stukenbrock (2010) die Bedeutung auf, die das Zusammenwirken von Zeigegesten, verbaler Ansprache und Körperpositionierung bei Stadtführungen spielt. Hier findet man Studien, die mikroskopische Interaktionsdetails studieren und für die Video ein bedeutsames Instrument darstellt, um die minutiösen Aspekte der Koordinierung von Handlungen herauszufinden. Videoaufzeichnungen helfen dabei, den linguistischen Bias gesprächsanalytischer Studien zu überwinden, indem sie die Rolle nichtsprachlicher Formen des Austausches für die Interaktionsorganisation aufzuzeigen vermögen.[39]

Der Videoanalyse eröffnen sich hier zahlreiche Anwendungsgebiete, die von eher informellen Gesprächssituationen bis zu institutionell eingebetteten Gesprächen reichen. Die Analyse von Videoaufzeichnungen stärkt dabei die minutiöse Untersuchung der Sequenzorganisation und die situative Einbettung von interaktiven und kommunikativen Vorgängen. Als besonderes Problem stellt sich die im Videomaterial vorliegende Verschränkung *sequenzieller* Ablaufstrukturen und *simultaner* Kontextelemente, was für eine Analyse in ethnomethodologischer Perspektive eine besondere Herausforderung darstellt.[40]

Gattungsanalyse

Die soziologische Gattungsanalyse fokussiert ebenfalls sehr deutlich auf die Aufdeckung der Ablaufstrukturen von kommunikativen Aktivitäten und ähnelt daher in gewissem Maße dem vorangehend beschriebenen Gebiet. Allerdings knüpft die Gattungstheorie in erster Linie nicht an die Ethnomethodologie, sondern an die Theorie der gesellschaftlichen Konstruktion der Wirklichkeit an (Berger & Luckmann 1969). Damit nimmt sie eine Theorieperspektive ein, die gleichermaßen auf der *Verstehenden Soziologie* Webers wie auf der Soziologie Durkheims aufbaut. Die Gattungsanalyse schreibt dieses Theorieprogramm fort und wendet es empirisch, indem sie sich auf die Rekonstruktion derjenigen kommunikativen Muster und Formen konzentriert, die das »Material« gesellschaftlicher Wirklichkeitserzeugung darstellen, ohne deren handlungstheoretische Grundlegung

---

39 Für ein beeindruckendes Beispiel zur Rolle der Koordinierung gestischer und zeichnerisch-rechnerischer Ausdrucksmittel in Verhandlungssituationen vgl. Streeck & Kallmeyer (2001).
40 Die Verknüpfung von Sequenzialität und Simultaneität bei der Analyse von Videodaten diskutieren wir an anderer Stelle ausführlich (vgl. Knoblauch, Tuma & Schnettler 2013, im Druck).

aufzugeben. Kommunikative Gattungen und Formen sind, vereinfacht ausgedrückt, Verlaufsstrukturen, die in Handlungen erzeugt werden, um regelmäßig auftretende kommunikative Probleme zu lösen. Sie dienen Handelnden zugleich als Hinweis darauf, welche Probleme behandelt werden. Die Gattungsanalyse nimmt methodisch zahlreiche Elemente linguistischer Verfahren auf, die für die Untersuchung verbaler Kommunikation entwickelt wurden (Günthner & Knoblauch 1994). Daraus ergibt sich eine Nähe zur Sprachverwendungsforschung. Allerdings greift die Gattungsanalyse deutlich darüber hinaus und bindet die Ergebnisse der Detailuntersuchungen an die Analyse gesellschaftlicher Strukturen zurück, als deren konstitutive Elemente sie kommunikative Gattungen ansieht. Die Gattungsanalyse unterscheidet deswegen drei verschiedene »Analyseebenen«: Die Binnenstruktur, die Interaktionsebene und die Außenstruktur kommunikativer Gattungen. Diese Analyseebenen hängen empirisch zwar eng zusammen.[41] Analytisch lassen sie sich aber unterscheiden. Außerdem werden sie häufig anhand unterschiedlicher Datensorten und Methoden untersucht.

Analyseebene	Datensorte am Beispiel der Powerpoint-Studie	analytische Kategorie
Binnenstruktur	Folien Redemanuskripte Tonbandaufnahmen	sprachlicher Code rhetorische Mittel visueller Stil
Interaktionsebene	Tonbandaufnahmen Videoaufnahmen Beobachtungsprotokolle	Körperformation Orchestrierung triadische Struktur
Außenstruktur	Interviews, Fotographien Dokumente quantitative Daten	strukturelle Diffusion Standardisierung Institutionalisierung Wissenskommunikation

Abbildung 19: Ebenen der Gattungsanalyse

Die Verbindung von Videographie und Gattungsanalyse und deren Theorieperspektive lässt sich am Beispiel unserer Studie zu computergestützten

---

41 Goffman (1994) hat dies als Problem der Bezüge zwischen Interaktionsordnung und Sozialstruktur formuliert. Für eine ausführlichere Diskussion der konzeptuellen und theoretischen Implikationen im Anschluss an die Theorie kommunikativer Gattungen vgl. Schnettler (in Vorbereitung).

Theoretische Anschlüsse

elektronischen Präsentationen gut illustrieren (Schnettler & Knoblauch 2007, Knoblauch 2013).

> **Powerpoint als kommunikative Gattung (in) der »Wissensgesellschaft«?**
> Ausgehend von der Annahme einer deutlichen Veränderung der Formen der Wissenskommunikation stand im Kern dieser Untersuchung die Frage, ob die Powerpoint-Präsentation als neue paradigmatische Kommunikationsform gelten kann und wie sie empirisch auftritt. Die bisherige Forschung zum Gegenstand hatte sich fast ausschließlich auf die Betrachtung der Folien konzentriert und scharfe Kritik an ihren Grenzen als »Informationsträger« geübt. Demgegenüber haben wir die Präsentationen als kommunikative Gattung umfassend untersucht. Zu diesem Zwecke haben wir mit Videokameras 196 Powerpoint-Präsentationen aufgezeichnet. Das Material erlaubte, über den Inhalt der Folien hinaus die »Performanz« der Präsentatoren und die »Reaktionen« des Publikums zu betrachten. Auf der Ebene der Binnenstruktur wurde der Visualisierungsstil der Folien untersucht, wobei vor allem das Zusammenspiel von Visuellem und Sprache besondere Formen annimmt, die die Argumentationsstruktur prägen. Die Videoanalyse ergab, wie bedeutend der Körper der Präsentatoren und die Körperformation sind. Zusammen mit Wort und Visualisierung erlauben sie eine Orchestrierung der Präsentation (Schnettler 2006). Folglich erweisen sich die vermeintlich monologischen, »rhetorischen« Präsentationshandlungen als Teil einer triadischen Struktur. Neben den Präsentatoren und dem Publikum ist die Technik (Notebook, Beamer, Software) ein wesentlicher Teil der Gattung. Als räumliche, zeitliche und verkörperte Performanz transzendiert sie die Situation und verweist auf außenstrukturelle Aspekte. Mit der Beobachtung der strukturellen Diffusion der Gattung in verschiedene institutionelle Bereiche, ihrer zunehmenden Standardisierung als institutionelle Wissenskommunikation und ihrer kompensatorischen Wirkung hinsichtlich einer sozialtechnologisch betriebenen Informatisierung der Gesellschaft rücken damit sozialstrukturelle, zeitdiagnostische und gesellschaftstheoretische Fragen in den Blick. Die Verbreitung von Powerpoint verweist auf die Relevanz der Zugänglichkeit informationstechnischer Infrastrukturen sowie auf die Transformation der organisatorischen Arbeitsformen zur Koordination verteilter Aufgaben. Powerpointpräsentationen sind gewissermaßen das ›Brückenidiom‹ zur Vermittlung heterogener Wissensbestände. Diese Veränderungen sind Ausdruck der rasant ansteigenden Bedeutung von Kommunikation in der »Wissensgesellschaft«.

Wissenschafts- und Technikforschung

Videoanalysen werden in zunehmender Weise auch in der sozialwissenschaftlichen Erforschung von Technik und in den an die Laborstudien anknüpfenden Untersuchungen wissenschaftlicher Praktiken verwendet. Dabei kommen sie etwa in der Usability-Forschung, in der Technikentwicklung oder in der Museumsforschung zum Einsatz. Videoanalysen werden hier in einer Reihe von Forschungsfeldern eingesetzt, so z. B. für Arzt-Patienten-Interaktionen (Heath 1986), in der Medizinsoziologie (Schubert 2006a), in der visuellen Ethnographie von Arbeit und Techno-

Videographie

logie (Knoblauch 2000), für Studien in hochtechnologisierten Arbeitsumgebungen wie Flughäfen (Goodwin & Goodwin 1996), U-Bahnen (Heath & Luff 1996) oder Kontrollzentren, wie sie die angelsächsischen ›Workplace-Studies‹ (Luff et al. 2000, Heath et al. 2004) praktizieren, oder in der Untersuchung von Telekooperationen (Meier 1998). Außerdem spielt Videographie in der Technik- und Innovationsforschung (Rammert & Schubert 2006) und der Museumsforschung (vom Lehn 2006) eine wichtige Rolle, um nur einige Bereich zu nennen.

Dieses Feld ist von zwei Einflüssen geprägt: Zum einen von den erwähnten ethnomethodologisch orientierten Workplace-Studies (Heath & Knoblauch 1999, Luff et al. 2000). Zum anderen von Ansätzen, die sich an den *Science and Technology Studies* orientieren und von sozialkonstruktivistischen ebenso wie von praxistheoretischen Einflüssen zehren.[42]

Videohermeneutik

Hermeneutische Videoanalysen haben sich vor allem im deutschsprachigen Raum ausgebildet. Darunter fallen etwa die Arbeiten von Raab, Tänzler und Soeffner (Raab 2001a, Raab et al. 2002, Raab & Tänzler 1999, 2002, 2006, Soeffner 2006) sowie die Arbeiten von Kissmann (2009b) oder von Witte und Rosenthal (2007). In ihrer sequenzanalytischen Vorgehensweise werden zum einen die Handlungs- und Interaktionsabläufe betrachtet; zum anderen werden aber auch die bildlichen Elemente zum Gegenstand einer hermeneutischen Auslegung, die auf das kulturelle Wissen der Deutenden rekurriert. Dieser Ansatz einer Videohermeneutik (Raab & Tänzler 2006) schließt dabei an die allgemeinen methodologischen Grundlagen der wissenssoziologischen Hermeneutik an (Soeffner 2004), die auf visuelle Daten ausgedehnt werden. Diesem Ansatz geht es insbesondere darum, das Deutungspotenzial visueller Sinnfiguren auszuschöpfen. Die hermeneutische Analyse nimmt dabei eine Perspektive ein, die nicht auf die Rekonstruktion der Teilnehmeransichten beschränkt ist und ermöglicht zudem eine Anbindung der Videoanalyse an breitere kultursoziologische und gesellschaftstheoretische Fragestellungen, die in der ethnomethodologischen Tradition häufig ausgeblendet werden.

---

42 Vgl. z.B. Muntanyolas (2010) Videoanalyse zur Rolle von Expertenwissen in Krankenhäusern.

Theoretische Anschlüsse

Soziologie sozialer Welten: Milieuforschung und Bewegungsforschung

Der Fokus videographischer Studien variiert enorm. Videographie eignet sich auch dafür, breitere Felder und Milieus zu untersuchen. Ansätze dazu zeigen die Studien zum Migrationsmilieu auf, die von Rebstein durchgeführt werden (Rebstein 2012). Ein prägnantes Beispiel videographischer Erforschung sozialer Bewegungen liefert Rucht (2003). In seiner ethnographisch orientierten Studie nimmt Rucht die Ereignisse rund um die Berliner 1. Mai-Demonstrationen ins Visier. Die verschiedenen beteiligten Akteursgruppen – Polizei, Passanten, Randalierer, Zuschauer, Medienvertreter etc. – werden jeweils von einzelnen Forschern videographisch begleitet. In der späteren Zusammenschau kann dadurch das umfassende Bild einer größeren sozialen Veranstaltung sichtbar gemacht werden.

Bildungsinstitutionen und erziehungswissenschaftliche Forschung

Videoanalysen werden ebenfalls zur Erforschung von Interaktionsprozessen in Bildungsinstitutionen wie Schulen, Kindergärten usw. eingesetzt und vor allem mit erziehungswissenschaftlichem Interesse dabei genutzt, um die Weisen der Wissensvermittlung zu studieren. Für die Schulforschung vgl. etwa die Arbeiten von Aufschnaiter & Welzel (2001) oder Wagner-Willi (2006), die eine an der Dokumentarischen Methode (Bohnsack 2009) geschulte Theorieperspektive einnimmt. Die Schulforschung hat sich zu einem prominenten Bereich videographischer Studien entwickelt, denen sich eigene Sammelbände widmen (Corsten et al. 2010). Die Videoforschung erfährt unlängst in den Erziehungswissenschaften einen regelrechten Boom, kann sie doch auf die Frage antworten, wie die häufig idealisierten Vorstellungen des Lernens und der Bildung im schulischen Alltag tatsächlich aussehen (Dinkelaker & Herrle 2009).

Religionsforschung, Ritualanalysen und Gedächtnisstudien

Auch in der Religionsforschung wird Videographie zunehmend eingesetzt, vor allem zur Erforschung gegenwartsbezogener Religionsphänomene (Knoblauch 2011b). Von einer in diesem Feld etablierten Methode zu sprechen, wäre allerdings verfrüht. Zu den ersten zählt die Studie von Bergmann, Luckmann & Soeffner (1993), die sich den Erscheinungsformen des Charismas zweier Päpste widmet und dazu audiovisuelles Material auswertet. Zur Untersuchungen religiöser Performanzen sind wiederholt Videoanalysen eingesetzt worden, etwa zur Untersuchung von Marienerscheinungen (Knoblauch 2011b, Knoblauch & Petschke 2013), zu spiritistischen Praktiken im südamerikanischen Maria-Lionza-Kult (Ferrándiz Martín 1998) oder zu Visionen (Schnettler 2011).

Andere Arbeiten beleuchten die Rolle von Medien und Video im afrikanischen Pentekostalismus (Meyer 2006, Ukah & Echtler 2009) als Teil religionsanthropologischer Forschung. Darüber hinaus wird Video zur Erforschung von Erinnerungsritualen (Schnettler et al. 2010) eingesetzt. Von besonderem Interesse dürften Ansätze sein, welche die Potentiale der Videoanalyse mit anderen Verfahren wie Interviews, Archivstudien und Gruppendiskussionen kombinieren. So verknüpft Baer (2005) in seiner Studie zum *Visual History Archive* Videoanalysen mit Forschung zur Biographie und zum sozialen Gedächtnis oder in seinen Studien zur Erinnerungsforschung über die Exhumierungen von Massengräbern in Spanien Videos mit Interviews, teilnehmenden Beobachtungen sowie Dokumenten- und Medienanalysen (Ferrándiz & Baer 2008).

Markt-, Konsum- und Lebensstilforschung

Auch in anderen Forschungsbereichen werden Videoanalysen mit weiteren Beobachtungsverfahren verknüpft. So wird Videographie etwa in der qualitativen Marktforschung für Konsumentenstudien verwendet (Schmid 2006). Besondere Bedeutung gewinnt sie in der Suche nach innovativen Anwendungen und neuen Produkten oder beim Testen von Prototypen, deren Verwendung in ihrem Handlungszusammenhang studiert werden können. Man sollte darüber hinaus erwähnen, dass gerade im Feld angewandter Usability-, Technik- und Marktforschung eine Vielfalt von weiteren Methoden eingesetzt werden, die auf der Nutzung von Video basieren, so vor allem viele von psychologischen Verfahren inspirierte Versuchsaufbauten, die quantitativ und rein kodierend ausgewertet werden (vgl. auch Tuma 2012b). Hier besteht in der Vielfalt noch weiteres Entwicklungspotential, um die verschiedenen Ansätze systematisch miteinander zu verbinden.

Vernacular Video Analysis: Sport und weitere Felder

In einer Reihe weiterer Bereiche wird menschliches Handeln und Verhalten zu verschiedenen Zwecken analysiert. So finden sich Formen der Vi-

Theoretische Anschlüsse

deoanalyse zur Überwachung, Kontrolle und vor allem Optimierung der jeweiligen Prozesse in einer wachsenden Vielfalt von Feldern. Diese Videoanalysen bezeichnen wir als *Vernacular Video Analysis* (Tuma 2012b). Die hier von den Akteuren selbst verwendeten Methoden fallen unterschiedlich aus. Wie bereits oben für den Einsatz von Video in der Marktforschung erwähnt, sind sie häufig wissenschaftlich inspiriert, allerdings sind diese praktischen ›Videoanalysen‹ weniger streng methodisch orientiert, sondern werden oft mit sehr zielgerichteten Verwertungsinteressen *ad hoc* auf Basis von spezifischem Erfahrungswissen am Gegenstand eingesetzt. So finden sich etablierte Formen der Analyse in Bereichen, die von der Polizeiarbeit bis hin zur Selbstreflexion von Arbeitsabläufen (etwa in der Medizin) oder der Analyse und Optimierung von Bewegungsabläufen reichen. Im Moment lassen sich deutliche Professionalisierungsbestrebungen von vernakularen Videoanalysen in einer Reihe von Feldern beobachten. Ein sehr prominentes Beispiel ist etwa die Spielanalyse im Sport.[43] Vernakuläre Videoanalysen verfügen häufig über großzügige Ressourcen. In diesen Feldern werden auch eigene Tools, Computerprogramme und Verfahren entwickelt, die eine Fundgrube für zukünftige Entwicklungen der Videoanalyse innerhalb der Soziologie darstellen können. Dazu ist es allerdings unerlässlich, diese ›Ethnomethoden‹ aus ihren pragmatisch gebundenen Nutzugs- und Verwertungszwängen zu lösen und sie methodologisch zu reflektieren.

Grenzen der Videoanalyse

Wie die Ausführungen deutlich machen, muss die Videographie keineswegs auf die mikrosoziologische Ebene beschränkt bleiben. Dennoch ist festzuhalten, dass die Analyse der Interaktion ihr Herz bildet. Der Kern der Videographie ist deswegen die Videointeraktionsanalyse. Gerade daran schließt natürlich die Frage an, in welchem Verhältnis Videoanalyse und andere Methoden stehen können. Die Videoanalyse kann durchaus untergeordneter Teil einer umfassenderen Untersuchung sein. So ließe sich etwa die videographische Erforschung der Interaktion zwischen Ehepartnern mit anderen Methoden triangulieren.

Diese Vorgehensweisen stehen mehr oder weniger unverbunden nebeneinander, wenngleich es erste Versuche einer Integration gibt (Schnettler & Raab 2008, Schnettler 2001, 2003). Einen systematischen Vorschlag

---

43 Diese praktischen Ansätze sind nicht zu verwechseln mit sozialwissenschaftlichen videoanalytischen Studien zum Sport, wie sie von Meyer & von Wedelstaedt (2013), Schindler (2009) oder Singh (2013) vorgelegt wurden.

Videographie

zur Methodentriangulation unterbreitet Knoblauch (2009), der die Videoanalyse als Teil eines Methodenmix betrachtet. Auf der Grundlage sozialkonstruktivistischer Theorieannahmen betont er, dass die Videoanalyse eine spezifische Fragestellung verfolgt, die sich auf zeitliche Abläufe innerhalb von Situationen, mithin also auf Handlungen, Interaktion und Kommunikation bezieht. Dieser empirische Bezug unterscheidet sich von den Verfahren, mit denen die übersituativen Zusammenhänge erschlossen werden, wie etwa Ethnographie, Dokumentenanalysen oder statistische Verfahren. Eine weitere Bezugsgröße von vor allem hermeneutischen Verfahren und von Interviewmethoden ist das handelnde Subjekt. Die Videographie, die hier vorgestellt wurde, stellt eine Form der Integration der verschiedenen Zugänge dar, geht sie doch davon aus, dass die aufgezeichneten Videos mit ihren Interaktionen, in den sie eingebettet sind, in einen methodologischen Zusammenhang mit dem Kontext gestellt werden.

Allerdings sind dabei die Grenzen der Videographie zu bedenken. Die Videographie ist ein für die qualitative Sozialforschung sicherlich eher aufwändiges und kostspieliges Analyseverfahren. Es handelt sich um eine sehr voraussetzungsvolle Forschungsmethode. Deren Herausforderungen umfasst nicht nur die technischen, zeitlichen und finanziellen Ressourcen. Die Anfertigung von brauchbaren Videodaten, deren Selektion, Aufbereitung und Präsentation erfordern neben sozialwissenschaftlichen Methodenkenntnissen Geduld und Ausdauer. Der Erfolg der Videoanalyse ist zwar von den Fachkenntnissen professioneller Visualisierungsexperten nicht abhängig, kann von deren Expertise jedoch durchaus profitieren. Aufgrund des hohen zeitlichen Aufwandes der Videoanalyse sollte deswegen auch die Triangulation mit standardisierten Methoden in Erwägung gezogen werden. Dabei könnte die interpretative Videoanalyse ihren besonderen Beitrag gerade in der Begründung und substantiellen Bestimmung der Codes leisten, die standardisiert werden sollen.

Eine zweite Herausforderung kann man in der alltäglichen Nutzung der Videoformate erkennen. Dazu gehört nicht nur der Einbezug der subjektiven Kamera, wie sie von Mohn (2007) vorgeschlagen wird, sowie Videotagebücher oder Videoprotokolle, sondern auch diejenigen Videodatensorten, die von den Akteuren selbst sozusagen »natürlich« erzeugt werden. Deren Produktions- und Rezeptionsbedingungen stellen zweifellos eine Voraussetzung für deren Analyse dar, die dann, im Unterschied zu Videographie, auch deutlicher filmische Aspekte mit berücksichtigen müsste. Technischen Neuerungen im Umgang mit audiovisuellen Daten führen zu Änderungen, die etwa Datensitzungen auf Distanz ermöglichen, also »die Möglichkeiten, digitale Videotechnologie zu nutzen, um die Analysen von Handlungen und Interaktionen mit Kolleginnen und Kollegen zu teilen, zu diskutieren und zu verfeinern« (Hindmarsh 2008: 343), wobei die Forscher gleichzeitig an geographisch verteilten Orten arbeiten. Wie Hindmarsh erläutert, werden die technischen Voraussetzungen für solche kooperativen virtuellen Datensitzungen derzeit erarbeitet. Deren zukünftige Folgen für die Analysearbeit sind heute noch gar nicht abzuschätzen. Dies gilt auch für die Verfügbarkeit von digitalen Bearbeitungsprogrammen, die den simultanen Vergleich visueller Sequenzen ermöglichen. Es ist durchaus möglich, dass sich die Analyse zunehmend von der sprachlichen Fassung loslöst, sodass man die Typisierungen zeigen und visuell darstellen kann, ohne sie auf den Begriff bringen zu müssen. Dies würde zu einem fundamentalen Wandel der »analytischen Mentalität« führen. Bei der Videoanalyse handelt es sich insgesamt um eine immer noch recht junge Entwicklung, deren Etablierung im Kanon sozialwissenschaftlicher Methoden gerade erst ansetzt. Erst in einigen Jahren wird sich zeigen, ob sie sich neben anderen Verfahren der qualitativen Forschung bewähren wird und welche Richtung sie dabei nimmt.

Übungsfragen

→ Welche **theoretischen Ansätze** lassen sich mit der videographischen Forschung gut kombinieren?
→ In welchen **Forschungsfeldern** ist die Videographie bereits etabliert?
→ Wo liegen die **Grenzen** der videographischen Methode?

Literatur

Amann, Klaus (1997), Die Befremdung der eigenen Kultur. Ein Programm, in: Hirschauer & Amann (Hgs.), *Die Befremdung der eigenen Kultur. Zur ethnographischen Herausforderung soziologischer Empirie*, Frankfurt: Suhrkamp, 7–52
Aufschnaiter, Stefan von & Welzel, Manuela (Hgs. 2001), *Nutzung von Videodaten zur Untersuchung von Lehr- und Lernprozessen*, Münster
Baer, Alejandro (2005), *El testimonio audivisual. Imagen y memoria de Holocausto*, Madrid: Centro de Investigaciones Sociológicas, CIS
Banks, Marcus & Morphy, Howard (1997), *Rethinking Visual Anthropology*, New Haven: Yale
Berger, Peter L. & Luckmann, Thomas (1969), *Die gesellschaftliche Konstruktion der Wirklichkeit*, Frankfurt am Main: Fischer
Bergmann, Jörg (1981), Ethnomethodologische Konversationsanalyse, in: Schröder & Steger (Hgs.), *Dialogforschung. Jahrbuch 1980 des Instituts für Deutsche Sprache*, Düsseldorf: Schwann, 9–51
— (1985), Flüchtigkeit und methodische Fixierung sozialer Wirklichkeit, in: Bonß & Hartmann (Hgs.), *Entzauberte Wissenschaft* (Soziale Welt, Sonderband 3), Göttingen: Schwartz, 299–320
— (1987), *Klatsch. Zur Sozialform der diskreten Indiskretion*, Berlin: de Gruyter
Bergmann, Jörg, Luckmann, Thomas & Soeffner, Hans-Georg (1993), Erscheinungsformen von Charisma – Zwei Päpste, in: Gebhardt, Zingerle & Ebertz (Hgs.), *Charisma – Theorie, Religion, Politik*, Berlin/New York: De Gruyter, 121–155
Birdwhistell, Ray L. (1970), *Kinesics and Context: Essay in Body-Motion Research*, Philadelphia: University of Pennsylvania Press
Birkner, Karin & Stukenbrock, Anja (2010), Multimodale Resourcen für Stadtführungen, in: Costa & Müller-Jacquier (Hgs.), *Deutschland als fremde Kultur: Vermittlungsverfahren in Touristenführungen*, München: iudicum, 214–243
Blanc, Mathias (2012), »Den filmischen Rahmen *vergessen lassen* oder *aufdecken*«. Die soziologische Unterscheidung zwischen Dokumentarfilm und Reportage, in: Lucht, Schmidt & Tuma, 325–337
Boehm, Gottfried (1994), Die Wiederkehr der Bilder, in ders., *Was ist ein Bild?*, München: Fink, 11–38
Bohnsack, Ralf (2009), *Qualitative Bild- und Videointerpretation. Die dokumentarische Methode*, Stuttgart: UTB
Bryan, Ford R. (2003), *Rouge: Pictured in Its Prime, Covering the Years 1917–1940*, Detroit: Wayne State University Press
Büscher, Monika (2005), Social life under the microscope? *Sociological Research Online*, 10(1), http://www.socresonline.org/10/1/buscher.html
Corsten, Michael, Krug, Melanie & Moritz, Christine (Hgs. 2010), *Videographie praktizieren. Herangehensweisen, Möglichkeiten und Grenzen*, Wiesbaden: VS
Darwin, Charles (2000[1872]), *Der Ausdruck der Gemütsbewegungen bei den Menschen und Tieren. Kritische Edition. Einleitung, Nachwort und Kommentar von Paul Ekman. Übersetzt von Julius Victor Carus und Ulrich Enderwitz*, Frankfurt am Main: Eichborn
Dinkelaker, Jörg & Herrle, Matthias (2009), *Erziehungswissenschaftliche Videographie*, Wiesbaden: VS
Dittmar, Norbert (2002), *Transkription. Ein Leitfaden mit Aufgaben für Studenten, Forscher und Laien*, Opladen: Leske + Budrich

Literatur

Ekman, Paul (1982), *Emotion and the Human Face*, Cambridge: Cambridge University Press
Emmison, Michael J. & Smith, Philip D. (2000), *Researching the Visual*, London: Sage
Erickson, Frederick & Schultz, Jeffrey (1982), The counsellor as gatekeeper. Social interaction in interviews, in: Hammel (Hg.), *Language, Thought and Culture: Advances in the Study of Cognition*, New York: Academic Press, 237–260
Erickson, Frederick (2011), Uses of video in social research: a brief history, *International Journal of Social Research Methodology* 14 (3): 179–189
Ferrándiz, Francisco & Baer, Alejandro (2008), Digital Memory: The Visual Recording of Mass Grave Exhumations in Contemporary Spain, *FQS* 9 (3): Art. 35 [http://nbn-resolving.de/urn:nbn:de:0114-fqs0803351]
Ferrándiz Martín, Francisco (1998), A Trace of Fingerprints: Displacements and Textures in the Use of Ethnographic Video in Venezuelan Spiritism, *Visual Anthropology Review* 13 (2): 19–38
Garfinkel, Harold (1967), *Studies in Ethnomethodology*, Englewood Cliffs: Prentice Hall
Geertz, Clifford (1986), *Writing Culture. The Poetics and Politics of Ethnography*, Berkeley: UCP
Girtler, Roland (1994), *Der Strich. Soziologie eines Milieus*, Wien: LIT
Goffman, Erving (1994), Die Interaktionsordnung, in: ders, *Interaktion und Geschlecht*, hgg. v. Knoblauch, Frankfurt/New York: Campus, 50–104
— (2005), Glückungsbedingungen, in: ders., *Redeweisen. Formen der Kommunikation in sozialen Situationen*, hg. v. Knoblauch, Leuenberg & Schnettler, Konstanz: UVK, 199–264
— (2009), *Interaktion im öffentlichen Raum*, Franfurt am Main: Campus
Goguen, Joseph A. (1997), Towards a Social, Ethical Theory of Information, in: Bowker et al. (Hgs.), *Social Science Research, Technical Systems and Cooperative Work: Beyond the Great Divide*, Mahwah, NJ: Lawrence Erlbaum, 27–56
Goodwin, Charles (1981), *Conversational Organization: Interaction Between Speakers and Hearers*, New York: Academic Press
— (1986), Gestures as a Resource for the Organization of Mutual Orientation, *Semiotica* 62 (1/2): 29–49
— (1994a), Professional Vision, *American Anthropologist* 96 (3): 606–633
— (1994b), Recording human interaction in natural settings, *Pragmatics* 3: 181–209
— (2000), Practices of Seeing: Visual Analysis: An Ethnomethodological Approach, in: Leeuwen & Jewitt (eds.), *Handbook of Visual Analysis*, London: Sage, 157–182
Goodwin, Charles & Goodwin, Marjarie Harness (1996), Seeing as situated activity: formulating planes, in: Engeström & Middleton (eds.), *Cognition and Communication at work*, Cambridge: Cambridge University Press, 61–95
Grice, Herbert Paul (1989), *Studies in the Way of Words*, Cambridge: Harvard University Press
Grimshaw, Allen D. (1982), Sound-image data records for research on social interaction: some questions answered, *Sociological Methods and Research* 11 (2): 121–144
Günthner, Susanne & Knoblauch, Hubert (1994), ›Forms are the food of faith‹. Gattungen als Muster kommunikativen Handelns, *Kölner Zeitschrift für Soziologie und Sozialpsychologie* (4): 693–723
Hall, Edward T. (1990), *The Hidden Dimension*, New York: Anchor Books (zuerst 1962, dt.: *Die Sprache des Raumes*, Düsseldorf: Schwann 1976)
Hammersley, Martyn (2003), Analytics are no Substitute for Methodology: A Response to Speer and Hutchby, *Sociology* 37 (2): 339–352
Hampl, Stefan (2010), Videos interpretieren und darstellen, in: Corsten, Krug & Moritz (Hgs.), 53–88
Hartung, Martin (2006), Datenaufbereitung, Transkription, Präsentation, in: Ayaß & Bergmann (Hgs.), *Qualitative Methoden der Medienforschung*, Reinbek: Rowohlt, 475–488
Have, Paul ten (1999), *Doing Conversation Analysis. A Practical Guide*, London: Sage

Literatur

Heath, Christian (1986), *Body Movement and Speech in Medical Interaction*, Cambridge: Cambridge University Press
— (1997a), The Analysis of Activities in Face to Face Interaction Using Video, in: Silverman, D. (Hg.) *Qualitative Research. Theory, Method, and Practice*, London: Sage, 183–200
— (1997b), Video and sociology: the material and interactional organization of social action in naturally occurring settings, *Champs visuels* 6: 37–46
— (2013), *The Dynamics of Auction. Social Interaction and the Sale of Fine Art and Antiques* Cambridge: CUP
Heath, Christian, Hindmarsh, Jon & Luff, Paul (2010), *Video in Qualitative Research*, London: Sage
Heath, Christian & Knoblauch, Hubert (1999), Technologie, Interaktion und Organisation: Die Workplace Studies, *Schweizerische Zeitschrift für Soziologie* 25 (2): 163–181
Heath, Christian & Luff, Paul (1996), Convergent activities: Line control and passenger information on the London Undergroung, in: Engeström & Middleton (eds.), *Cognition and communication at work*, Cambridge: Cambrigde University Press, 96–129
Heath, Christian & Luff, Paul (2000), *Technology in Action*, Cambridge: Cambridge University Press
Heath, Christian & Luff, Paul (2006), Video Analysis and Organisational Practice, in: Knoblauch et al. (eds.), *Video-Analysis*, 35–49
Heath, Christian, Luff, Paul & Knoblauch, Hubert (2004), Tools, Technologies and Organizational Interaction: The Emergence of the »Workplace Studies«, in: Grant et al. (eds.), *The Sage Handbook of Organizational Discourse*, London: Sage, 337–358
Heath, Christian, Luff, Paul & Sellen, Abigail J. (1997), Reconfiguring media space: supporting collaborative work, in: Finn, Sellen & Wilbur (eds.), *Video-mediated communication*, New Jersey: Lawrence Erlbaum, 323–349
Heinze, Carsten (2012a), »Die Errettung der äußeren Wirklichkeit«? – Die Wirklichkeit der Realität in dokumentar(film)ischen Bildformaten, in: Lucht, Schmidt & Tuma, 305–324
— (2012b), Die Wirklichkeit der Gesellschaft im Film. Dokumentarfilme als Gegenstand der Soziologie, in: Heinze, Moebius & Reicher (Hgs.), *Perspektiven der Filmsoziologie*, Konstanz: UVK, 78–100
Herbrik, Regine (2011), *Die kommunikative Konstruktion imaginärer Welten*, Wiesbaden: VS
Herbrik, Regine & Röhl, Tobias (2008), Visuelle Kommunikationsstrategien im Zusammenspiel – Gestik im Fantasy-Rollenspiel, *sozialer sinn* 8 (2): 237–265
Hindmarsh, Jon & Tutt, Dylan (2012), Video in analytic practice, in: Pink (ed.) *Advances in Visual Methodology*, Newbury Park: Sage, 57–73
Hindmarsh, Jon (2008), Distributed Video Analysis in Social Research, in: Fielding, Lee & Blank (eds.), *The SAGE Handbook of Online Research Methods*, London: Sage, 343–361
Hirschauer, Stefan & Breidenstein, Georg (2002). Endlich fokussiert? Weder »Ethno« noch »Graphie«. Anmerkungen zu Hubert Knoblauchs Beitrag »Fokussierte Ethnographie«, *sozialer sinn* 3 (1): 125–128
Hitzler, Ronald (1991), Dummheit als Methode, in: Garz & Kraimer (Hgs.), *Qualitativempirische Sozialforschung*, Opladen: Westdeutscher, 295–318
Holliday, Ruth (2000), We've been framed: visualizing methodology, *Sociological Review* 48 (4): 503–521
Honer, Anne (1993), *Lebensweltliche Ethnographie: ein explorativ-interpretativer Forschungsansatz am Beispiel von Heimwerker-Wissen*, Wiesbaden: DUV
Jordan, Brigitte & Henderson, Austin (1995), Interaction analysis: Foundations and Practice, *Journal of the Learning Sciences* 4 (1): 39–103
Katz, Jack (1999), *How Emotions Work*, Chicago, London: University of Chicago Press
Kissmann, Ulrike Tikvah (Hg. 2009a), *Video Interaction Analysis. Methods and Methodology*, Frankfurt am Main: Lang
— (2009b), How medical forms are used: The study of doctor-patient consultation from a sociological hermeneutic approach, in: dies., *Video Interaction Analysis*, 87–105

Literatur

Knoblauch, Hubert (1995a), *Kommunikationskultur. Die kommunikative Konstruktion kultureller Kontexte*, Berlin, New York: De Gruyter
— (2000), Workplace Studies und Video. Zur Entwicklung der Ethnographie von Technologie und Arbeit, in: Götz & Wittel (Hgs.), *Arbeitskulturen im Umbruch. Zur Ethnographie von Arbeit und Organisation*, Münster: Waxmann, 159–173
— (2002), Fokussierte Ethnographie als Teil einer soziologischen Ethnographie. Zur Klärung einiger Missverständnisse, *sozialer sinn* 3 (1): 129–135
— (2004), Die Video-Interaktions-Analyse, *sozialer sinn* 1: 123–138
— (2005), Video-Interaktions-Sequenzanalyse, in: Wulf & Zirfas (Hgs.), *Ikonologie des Performativen*, München: Wilhelm Fink, 263–278
— (2006), Videography. Focused Ethnography and Video Analysis, in: ders. et al., *Video Analysis*, 69–83
— (2008), The Performance of Knowledge: Pointing and Knowlegde in Powerpoint Presentations, *Cultural Sociology* 2 (1): 75–97
— (2009), Social constructivism and the three levels of video-analysis, in: Kissmann, *Video Interaction Analysis*, 81–198
— (2011a), Videoanalyse, Videointeraktionsanalyse und Videographie – zur Klärung einiger Missverständnisse, *sozialer sinn* 12 (1): 139–145
— (2011b), Videography, in: Stausberg & Engler (eds.), *The Routledge Handbook of Research Methods in the Study of Religion*,Routledge, 433–444
— (2012), Grundbegriffe und Aufgaben des kommunikativen Konstruktivismus, in: Keller, Knoblauch, & Reichertz (Hgs.), *Kommunikativer Konstruktivismus*, Wiesbaden: VS, 25–47
— (2013), *Powerpoint, Communication and the Knowledge Society*, New York: Cambridge University Press
Knoblauch, Hubert et al. (2008), Visual Analysis. New Developments in the Interpretative Analysis of Video and Photography FQS 9 (3): Art. 14, (http://nbn-resolving.de/urn:nbn:de:0114-fqs0803148)
Knoblauch, Hubert & Heath, Christian (1999), Technologie, Interaktion und Organisation: Die Workplace Studies, *Schweizer Zeitschrift für Soziologie* 25 (2): 163–181
Knoblauch, Hubert & Petschke, Sabine (2013), Vision and Video. Marian Apparition, Spirituality and Popular Religion, in: Podolinska (ed.), in Vorbereitung
Knoblauch, Hubert & Schnettler, Bernt (2007), Videographie. Erhebung und Analyse Qualitativer Videodaten, in: Buber & Holzmüller (Hgs.), *Qualitative Marktforschung. Theorie, Methode, Analysen*, Wiesbaden: Gabler, 584–599
Knoblauch, Hubert & Schnettler, Bernt (2012), Videographie. Analyzing Video Data as a 'Focused' Ethnographic and Hermeneutical Exercise, *Qualitative Research* 12 (3): 334–356
Knoblauch, Hubert, Schnettler, Bernt & Raab, Jürgen (2006), Video-Analysis. Methodological Aspects of Interpretive Audiovisual Analysis in Social Research, in: Knoblauch et al. (eds.), *Video-Analysis*, 9–26
Knoblauch, Hubert & Tuma, René (2011), Videography. An interpretative approach to video-recorded micro-social interaction, in: Margolis & Pauwels (eds.), *The Sage Handbook of Visual Research Methods*, London: Sage, 414–430
Knoblauch, Hubert, Tuma, René & Schnettler, Bernt (2010), Interpretative Videoanalysen in der Sozialforschung, in: *Enzyklopädie Erziehungswissenschaften Online*, Weinheim und München: Juventa (http://www.erzwissonline.de)
Knoblauch, Hubert, Tuma, René & Schnettler, Bernt (2013), Video Analysis and Videography, in: Flick (ed.), *The Sage Handbook of Qualitative Data Analysis*, London: Sage (im Druck)
Koch, Sabine C. & Zumbach, Jörg (2002), The Use of Video Analysis Software in Behavior Observation Research: Interaction Patterns of Task-oriented Small Groups, *FQS* 3 (2): Art. 18 (http://nbn-resolving.de/urn:nbn:de:0114-fqs0202187)
Körschen, Marc et al. (2002), Neue Techniken der qualitativen Gesprächsforschung: Computergestützte Transkription von Videokonferenzen, *FQS* 3 (2): Art. 19 (http://nbn-resolving.de/urn:nbn:de:0114-fqs0202198)

Literatur

Kress, Gunter (2010), *Multimodality. A social semiotics approach to contemporary comunication*, New York: Routledge

Lacoste, Michèle (1997), Filmer pour analyser. L'importance de voir dans les micro-analysis du travail, *Champs Visuels* 6: 10–17

Lindner, Rolf (1990), *Die Entdeckung der Stadtkultur: Soziologie aus der Erfahrung der Reportage*, Frankfurt am Main: Suhrkamp

Loer, Thomas (2010), Videoaufzeichnungen in der interpretativen Sozialforschung, *sozialer sinn* (2): 319–352

Lomax, Helen & Casey, Neil (1998), Recording social life: reflexivity and video methodology, *Sociological Research Online* 3 (2)

Lucht, Petra, Schmidt, Lisa Marian & Tuma, René (Hgs.), *Visuelles Wissen und Bilder des Sozialen. Aktuelle Entwicklungen in der Soziologie des Visuellen*, Wiesbaden: VS

Luckmann, Thomas & Gross, Peter (1977), Analyse unmittelbarer Kommunikation und Interaktion als Zugang zum Problem der Entstehung sozialwissenschaftlicher Daten, in: Bielefeld, Hess-Lüttich & Lundt (Hgs.), *Soziolinguistik und Empirie. Beiträge zu Problemen der Corpusgewinnung und -auswertung*, Wiesbaden: Athenäum, 198–207

Luff, Paul, Hindmarsh, Jon & Heath, Christian (eds. 2000), *Workplace Studies. Recovering Work Practice and Informing System Design*, Cambridge: CUP

Maiwald, Kai-Olaf (2005), Competence and Praxis: Sequential Analysis in German Sociology, *FQS* 6 (3): Art. 31 (http://nbn-resolving.de/urn:nbn:de:0114-fqs0503310)

Marks, Dan (1995), Ethnographic Film: From Flaherty to Asch and after, *American Anthropologist* 97 (2): 337–347

Mead, George Herbert (1910), Social Consciousness and the Consciousness of Meaning, *Psychological Bulletin* 7: 397–405

Meier, Christoph (1998), Zur Untersuchung von Arbeits- und Interaktionsprozessen anhand von Videoaufzeichnungen, *Arbeit* 7 (3): 257–275

Meyer, Birgit (2006), Impossible Representations. Pentecostalism, Vision, and Video Technology in Ghana, in: Meyer & Moors (eds.), *Religion, Media and the Public Sphere*, Bloomington: Indiana University Press, 290–312

Meyer, Christian & v. Wedelstaedt, Ulrich (2013), Skopische Sozialität: Sichtbarkeitsregime und visuelle Praktiken im Boxen, *Soziale Welt* (im Erscheinen)

Michaels, Eric & Kelly, Francis (1984), The social organisation of an Aboriginal video workplace, *Australian Aboriginal Studies* (84): 26–34

Mills, C. Wright (1959), *The Sociological Imagination*, New York: Oxford University Press (dt. *Kritik der soziologischen Denkweise*, Damstad: Luchterhand 1963)

Mitchell, William J. T. (1997), Der Pictorial Turn, in: Kravagna, C. (Hg.) *Privileg Blick. Kritik der visuellen Kultur*, Berlin: ID-Verlag, 15–40

— (1990), Was ist ein Bild?, in: Bohn (Hg.) *Bildlichkeit*, Frankfurt: Suhrkamp, 17–68

Mohn, Elisabeth (2002), *Filming Culture. Spielarten des Dokumentierens nach der Repräsentationskrise*, Stuttgart: Lucius & Lucius

— (2006), Permanent Work on Gazes. Video Ethnography as an Alternative Methodology, in: Knoblauch et al. (eds.), *Video-Analyis*, 173–180

— (2007), Kamera-Ethnografie: Vom Blickentwurf zur Denkbewegung, in: Brandstetter & Klein (Hgs.), *Methoden der Tanzwissenschaft. Modellanalysen zu Pina Bauschs »Sacre du Printemps«*, Bielefeld: transcript, 173–194

Mondada, Lorenza (2007), Multimodal resources for turn-taking: Pointing and the emergence of possible next speakers, *Discourse Studies* 9 (2): 195–226

Mondada, Lorenza & Schmitt, Reinhold Hgs. (2010), *Situationseröffnungen: Zur multimodalen Herstellung fokussierter Interaktion*

Moritz, Christine (2010), Die Feldpartitur. Mikroprozessuale Transkription von Videodaten, in: Corsten, Krug & Moritz (Hgs.), *Videographie*, 163–193

— (2011), *Die Feldpartitur. Multikodale Traskription von Videodaten in der Qualitativen Sozialforschung*, Wiesbaden: VS

Literatur

Muntanyola, Dafne (2010), Conocimiento experto y etnografía audiovisual: una propuesta teórico-metodológica, *Empiria. Revista de Metodología de Ciencias Sociales* (20): 109–133

Peräkylä, Anssi (2006), Observation and video analysis, in Drew, Raymond & Weinberg (eds.), *Talking Research*, London: Sage, 81–96

Pink, Sarah (2007), *Doing Visual Ethnography. Images, Media and Representation in Research* (2nd ed.), London: Sage

Pittinger, Robert E., Hockett, Charles F. & Danehy, John J. (1960), *The First Five Minutes: A Sample of Microscopic Interview Analysis*, Ithaca, NY: Paul Martineau

Plowman, Lydia & Stephen, Christine (2008), The big picture? Video and the representation of guided interaction, *British Educational Research Journal* 34 (4): 541–565

Przyborski, Aglaja (2008), Sprechen Bilder? Ikonizität als Herausforderung für die qualitative Kommunikationsforschung, *Medien Journal* 2: 74–89

Raab, Jürgen (2001a), Medialisierung, Bildästhetik, Vergemeinschaftung. Ansätze einer visuellen Soziologie am Beispiel von Amateurclubvideos, in: Knieper, & Müller (Hg.) *Kommunikation visuell. Das Bild als Forschungsgegenstand*, Köln: Halem, 37–63

— *Soziologie des Geruchs. Über die soziale Konstruktion olfaktorischer Wahrnehmung*, Konstanz: UVK

— (2006), *Sehgemeinschaften. Theoretische Konzeption und materiale Analysen einer visuellen Wissenssoziologie*, Habilitationsschrift, Universität Konstanz

— (2008), *Visuelle Wissenssoziologie. Konzepte und Methoden*, Konstanz: UVK

Raab, Jürgen, Grunert, Manfred & Lustig, Sylvia (2001), Der Körper als Darstellungsmittel. Die theatrale Inszenierung von Politik am Beispiel Benito Mussolini, in: Fischer-Lichte, Horn & Warstat (Hgs.), *Verkörperung*, Tübingen: Francke, 171–198

Raab, Jürgen & Tänzler, Dirk (1999), Charisma der Macht und charismatische Herrschaft. Zur medialen Präsentation Mussolinis und Hitlers, in: Honer, Kurt & Reichertz (Hgs.), *Diesseitsreligion. Zur Deutung der Bedeutung moderner Kultur*, Konstanz: UVK, 59–77

Raab, Jürgen & Tänzler, Dirk (2002), Schröders politische Visionen. Analyse eines Werbeclips, in: Willems (Hg.), *Die Gesellschaft der Werbung*, Wiesbaden: Westdeutscher, 217–246

Raab, Jürgen & Tänzler, Dirk (2006), Video-Hermeneutics, in: Knoblauch et al. (eds.), *Video Analysis*, 85–97

Raab, Jürgen, Tänzler, Dirk & Dörk, Uwe (2002), Die Ästhetisierung von Politik im Nationalsozialismus. Religionssoziologische Analyse einer Machtfiguration, in: Soeffner & Tänzler (Hgs.), *Figurative Politik*, Opladen: Leske + Budrich, 125–153

Rammert, Werner (2005), Die technische Konstruktion als Teil der gesellschaftlichen Konstruktion der Wirklichkeit, in: Tänzler, Knoblauch & Soeffner (Hgs.), *Zur Kritik der Wissensgesellschaft*, Konstanz: UVK, 83–100

Rammert, Werner & Schubert, Cornelius (Hgs. 2006), *Technographie. Zur Mikrosoziologie der Technik*, Frankfurt: Campus

Rebstein, Bernd (2012), Videography in Migration Research – A Practical Example for the Use of an Innovative Approach, *Qualitative Sociology Review* 8 (2): 130–151

Reichert, Ramón (2007), *Im Kino der Humanwissenschaften. Studien zur Medialisierung wissenschaftlichen Wissens*, Bielefeld: transcript

Reichertz, Jo (2009), *Kommunikationsmacht. Was ist Kommunikation und was vermag sie? Und weshalb vermag sie das?*, Wiesbaden: VS

Reichertz, Jo & Englert, Carina J. (2010), *Einführung in die qualitative Videoanalyse. Eine hermeneutisch-wissenssoziologische Fallanalyse*, Wiesbaden: VS

Reichertz, Jo et al. (2010), *Jackpot. Erkundungen zur Kultur der Spielhallen*, Wiesbaden: VS

Ruby, Jay (2000), *Picturing Culture: Explorations of Film and Anthropology*, Chicago: UCP

Rucht, Dieter (Hg. 2003), *Berlin, 1. Mai 2002. Politische Demonstrationsrituale*, Opladen: Westdeutscher

Sacks, Harvey (1992[1964ff]), *Lectures on Conversation*, ed. by Gail Jefferson and Emanuel A. Schegloff, Oxford: Blackwell

Literatur

Sacks, Harvey, Schegloff, Emanuel & Jefferson, Gail (1973), A Simplest Systematics for the Organization of Turn-Taking for Conversation, *Language* 50: 696–735

Scheflen, Albert E. (1965), The significance of posture in communication systems, *Psychiatry* 27: 316–331

Schegloff, Emanuel (1968), Sequencing in Conversational Openings, *American Anthropologist* 70: 1075–1095

Schegloff, Emanuel & Sacks, Harvey (1973), Opening up Closings, *Semiotica* (8): 289–327

Schindler, Larissa (2009), The manufacturing of 'vis-Ability', in: Kissmann (ed.) *Video Interaction Analysis*, 135–154

Schmid, Sigrid (2006), Video Analysis in Qualitative Market Research – from Viscous Reality to Catchy Footage, in: Knoblauch et al. (eds.), *Video Analysis*, 191–201

Schnettler, Bernt (2001), Vision und Performanz. Zur soziolinguistischen Gattungsanalyse fokussierter ethnographischer Daten, *sozialer sinn* 1: 143–163

— (2003), Methodological bases of video analysis: Visual hermeneutics and communicative genres. Paper presented at the 6th ESA Conference, Murcia, 23.–26.9 2003 (Ms.)

— (2006), Orchestrating Bullet Lists and Commentaries. A Video Performance Analysis of Computer Supported Presentations, in: Knoblauch et al. (eds.), *Video Analysis*, 155–168

— (2011), Interpretative Videoanalyse im Kontext fokussierte Ethnographie. Visionäre Transzendenzerfahrungen bei der Gemeinschaft Fiat Lux, in: Kurth & Lehmann (Hgs.), *Religionen erforschen*, Wiesbaden: VS, 169–197

— (in Vorbereitung), *Contributions to the Methodology and Theory of Communicative Genres and Social Forms*, Berlin: Lang

Schnettler, Bernt & Baer, Alejandro (2009), Hacia una metodología cualitativa audiovisual – El video como instrumento de investigación social, in: Merlino (ed.), *Investigación cualitativa en ciencias sociales*, Buenos Aires: Cengage, 149–173

Schnettler, Bernt, Baer, Alejandro & Zifonun, Dariuš (2010), Transnationale Gedächtniskultur? Ansätze einer ländervergleichenden Performanzanalyse von Erinnerungsritualen am Beispiel des 27. Januars, in: Soeffner (Hg.), *Unsichere Zeiten. Herausforderungen gesellschaftlicher Transformationen. Verhandlungen des 34. Kongresses der Deutschen Gesellschaft für Soziologie in Jena 2008*, Wiesbaden: VS (CD-Rom)

Schnettler, Bernt & Knoblauch, Hubert (Hgs. 2007), *Powerpoint-Präsentationen. Neue Formen der gesellschaftlichen Kommunikation von Wissen*, Konstanz: UVK

Schnettler, Bernt & Knoblauch, Hubert (2007a), Die Präsentation der ›Wissensgesellschaft‹. Gegenwartsdiagnostische Nachüberlegungen, in: Schnettler & Knoblauch (Hgs.), *Powerpoint-Präsentationen*, 267–283

Schnettler, Bernt & Knoblauch, Hubert (2009), Videoanalyse, in: Kühl, Strodtholz & Taffertshofer (Hgs.), *Handbuch Methoden der Organisationsforschung*, Wiesbaden: VS, 272–297

Schnettler, Bernt & Raab, Jürgen (2008), Interpretative Visual Analysis. Developments, State of the Art and Pending Problems, *FQS* 9 (3): Art. 31 (http://nbn-resolving.de/urn:nbn:de:0114-fqs0803314)

Schnettler, Bernt & Tuma, René (2007), Pannen – Powerpoint – Performanz. Technik als handelndes Drittes in visuell unterstützten mündlichen Präsentationen?, in: Schnettler & Knoblauch (Hgs.), *Präsentationen*, 163–188

Schubert, Cornelius (2006a), *Die Praxis der Apparatemedizin. Ärzte und Technik im Operationssaal*, Frankfurt am Main: Campus

— (2006b), Videographie im OP: Wie Videotechnik für technografische Studien im OP genutzt werden kann, in: Rammert & Schubert (Hgs.), *Technografie. Zur Mikrosoziologie der Technik*, Frankfurt: Campus, 223–248

Schütte, Wilfried (2007), Audio und Video in Powerpoint: Multimediale Präsentationen in der Gesprächsanalyse, *Gesprächsforschung* 8: 188–228 (www.gespraechsforschung-ozs.de/heft2007/px-schuette-2.pdf)

Literatur

Schütz, Alfred (2004[1953]), Common-Sense und wissenschaftliche Interpretation menschlichen Handels, in: Strübing & Schnettler (Hgs.), *Methodologie interpretativer Sozialforschung. Klassische Grundlagentexte*, Konstanz: UTB, 157–197 (auch in: ASW IV, Konstanz: UVK 2010, 331–380)

Schwab, Götz (2006), Transana – ein Transkriptions- und Analyseprogramm zu Verarbeitung von Videodaten am Computer, *Gesprächsforschung* (7): 70–78 (http://www.gespraechsforschung-ozs.de)

Schwartzman, Helen B. (1993), *Ethography in organizations*, Newbury Park, Ca.: Sage

Secrist, Cory et al. (2002), Combining Digital Video Technology and Narrative Methods for Understanding Infant Development, *FQS* 3 (2) (http://nbn-resolving.de/urn:nbn:de:0114-fqs0202245)

Seidel, Tina, Prenzel, Manfred & Kobarg, Mareike (eds. 2005), *How to run a video study. Technical report of the IPN Video Study*, Münster

Selting, Margret et al. (1998), Gesprächsanalytisches Transkriptionssystem (GAT), *Linguistische Berichte* (173): 91–122

Selting, Margret et al. (2009), Gesprächsanalytisches Transkriptionssystem 2 (GAT 2), *Gesprächsforschung* 10: 223–272 (http://www.gespraechsforschung-ozs.de)

Silverman, David (2005), Instances or Sequences? Improving the State of the Art of Qualitative Research, *FQS* 6 (3): Art. 30 (http://nbn-resolving.de/urn:nbn:de:0114-fqs0503301)

Simmel, Georg (1908), *Soziologie. Untersuchungen über die Formen der Vergesellschaftung (Gesammelte Werke Bd. 2)*, Berlin: Duncker & Humblot

Singh, Ajit (2013), »Die Qualität der Spannung«. Eine videographische Untersuchung zur visuellen Kommunikation von verkörpertem Wissen im Sport, *Soziale Welt* (im Druck)

Soeffner, Hans-Georg (1991), Zur Soziologie des Symbols und des Rituals, in: Oelkers & Wegenast (Hgs.), *Das Symbol. Brücke des Verstehens*, Stuttgart: Kohlhammer, 63–81

— (2000), Sich verlieren im Rundblick. Die ›Panoramakunst‹ als Vorstufe zum medialen Panoramenmosaik der Gegenwart, in: ders., *Gesellschaft ohne Baldachin*, Weilerswist: Velbrück, 354–370

— (2004), *Auslegung des Alltags – Der Alltag der Auslegung. Zur wissenssoziologischen Konzeption einer sozialwissenschaftlichen Hermeneutik*, 2. durchgeseh. u. erg. Ausg., Konstanz: UVK (zuerst Frankfurt 1989)

— (2006), Visual Sociology on the Base of ›Visual Photographic Concentration‹, in: Knoblauch et al. (eds.), *Video-Analysis*, 205–217

— (2010), *Symbolische Formung. Eine Soziologie des Symbols und des Rituals* Weilerswist: Velbrück

Speer, Susan A. & Hutchby, Ian (2003a), From ethics to analytics: Aspects of participants' orientations to the presence and relevance of recording tech-nologies, *Sociology* 37 (2): 315–337

Speer, Susan A. & Hutchby, Ian (2003b), Methodology Needs Analytics: A Re-joinder to Martyn Hammersley, *Sociology* 37 (2): 353–359

Stasz, Clarice (1979), The Early History of Visual Sociology, in: Wagner (ed.) *Images of Information. Still Photography in the Social Sciences*, London, 119–136

Stigler, James W. & Fernández, Clea (1995), Learning mathematics from classroom instruction: Cross-cultural and experimental perspectives, in: Nelson (ed.) *Contemporary perspectives on learning and development*, Hillsdale, NJ: Lawrence Erlbaum, 103–130

Strauss, Anselm L. (1994), *Grundlagen qualitativer Sozialforschung: Datenanalyse und Theoriebildung*, München: Fink

Strauss, Anselm L. & Corbin, Juliet (1996), *Grounded Theory: Grundlagen qualitativer Sozialforschung*, Weinheim: Beltz/PVU

Streeck, Jürgen (1993), »Keep a Rope on Your Patience!« Über eine amerikanische Art des Umgangs mit sich selbst, in: Peter & Ingwer (Hgs.), *Sprachliche Aufmerksamkeit*, Darmstadt: Winter Universitäts Verlag, 195–201

Literatur

Streeck, Jürgen & Kallmeyer, Werner (2001), Interaction by inscription, *Journal of Pragmatics* 33: 465–490

Strübing, Jörg (2004), *Grounded Theory. Zur sozialtheoretischen und epistemologischen Fundierung des Verfahrens der empirisch begründeten Theoriebildung*, Wiesbaden: VS

Suchman, Lucy & Trigg, Randall H. (1991), Understanding Practice: Video as a Medium for Reflection and Design, in: Greenbaum & Kyng (eds.), *Design at Work. Cooperative Design of Computer Systems*, Hillsdale: Lawrence Erlbaum, 65–89

Thiel, Thomas (2003), Film und Videotechnik in der Psychologie. Eine erkenntnistheoretische Analyse mit Jean Piaget, Anwendungsbeispiele aus der Kleinkindforschung und ein historischer Rückblick auf Kurt Lewin und Arnold Gsell, in: Keller (Hg.) *Handbuch der Kleinkindforschung*, Bern: Hans Huber, 649–708

Traue, Boris (2012), Bauformen audio-visueller Selbst-Diskurse. Zur Kuratierung und Zirkulation von Amateurbildern im Film, Fernsehen und Online-Video, in: Lucht, Schmidt & Tuma (Hgs.), 281–303

Tuma, René (2012a), The (Re)-Construction of Human Conduct: 'Vernacular Video Analysis', *Qualitative Sociology Review* 8 (2): 152–163

— (2012b), Visuelles Wissen: Die Videoanalyse im Blick, in: Lucht, Schmidt & Tuma (Hgs.), 49–70

Tutt, Dylan & Hindmarsh, Jon (2011), Reenacments at Work: Demonstrating Conduct in Data Sessions, *Research on Language and Interaction* 44 (3): 211–236

Ukah, Asonzeh & Echtler, Magnus (2009), Born-again witches and videos in Nigeria, in: Westerlund (ed.) *Global Pentecostalism. Encounters with Other Religious Traditions*, London: Tauris, 73–92

vom Lehn, Dirk (2006), Die Kunst der Kunstbetrachtung: Aspekte einer Pragmatischen Ästhetik in Kunstausstellungen, *Soziale Welt* 57 (1): 83–100

— (2012), *Harold Garfinkel*, Konstanz: UVK

Wagner Willi, Monika (2005), *Kinder-Rituale zwischen Vorder- und Hinterbühne – Der Übergang von der Pause zum Unterricht*, Wiesbaden: VS

Wagner-Willi, Monika (2006), On the Multidimensional Analysis of Video Data: Documentary Interpretation of Interaction in Schools, in: Knoblauch et al. (eds.), *Videoanalysis*, 143–153

Walter-Busch, Emil (1989), *Das Auge der Firma. Mayos Hawthorne-Experimente und die Harvard Business School 1900 –1960*, Stuttgart: Enke

Weber, Max (1972), *Wirtschaft und Gesellschaft. Grundriss der verstehenden Soziologie*, Tübingen: Mohr (zuerst 1921)

Wernet, Andreas (2000), *Einführung in die Interpretationstechnik der Objektiven Hermeneutik*, Opladen: Leske & Budrich

Whyte, William F. (1996), *Die Street Corner Society. Die Sozialstruktur eines Italienerviertels*, Berlin/New York: de Gruyter (zuerst Englisch 1943)

Witte, Nicole & Rosenthal, Gabriele (2007), Biographische Fallrekonstruktionen und Sequenzanalysen videographierter Interaktionen. Zur Verknüpfung von Daten und Methoden, *Sozialer Sinn*, 8 (1): 3–24

Zielinski, Siegfried (Hg. 2010), *Zur Geschichte des Videorecorders. Neuausgabe des medienwissenschaftlichen Klassikers*, Potsdam (zuerst 1986)

Sachregister

adjacency pairs 15
Alltagstheorien 16
Amateurvideos ... 42, 60
Analyseebenen 116
Analyseeinheiten 60, 104
Archivierung 6, 80
Artefakte 11, 30
Arzt-Patienten-Interaktionen 56, 117
Aufzeichnung
  registrierende 42
  rekonstruierende .. 42

Basishermeneutik 87
Bildungsforschung .. 119

caméra-stylo 39
Charisma 120
cinema verité 39

Daten, natürliche 36
Datenaufbereitung 6, 80, 126
Datendichte 34
Datenerzeugungsweisen 33
Datensicherung 81
Datensitzungen 17, 70, 78, 85, 86, 87, 95, 96, 101, 103, 122
Datensorten 36
Dokumentarische Methode 59, 119

Erziehungswissenschaften 44, 119
Ethnographie 10, 20, 21, 25, 27, 33, 43, 59, 63, 65, 71, 72, 78, 106, 122
  fokussierte 84, 85
  von Arbeit 117
Ethnologie 20, 26
Ethnomethoden 121
Ethnomethodologie . 15, 21, 26, 27, 51, 53, 54, 55, 57, 90, 114, 115
Ethologie 20
Expertenwissen . 10, 118

Feldforschung 21, 26, 27, 41
Feldzugang 66, 84
Film, ethnologischer . 24
Forschungseinwilligung 6, 69
Forschungsethik 6, 66, 67, 84, 108
Forschungsfragen 18, 61, 89

GAT 82, 84, 94, 132
Gattungsanalyse 115
Gestik .. 31, 88, 91, 108
Grounded Theory 71, 78, 86, 132, 133

Hermeneutik 118
Human-Relations-Bewegung 38

iconic turn 9
Indexikalität 55
informed consent 66, 67, 68, 69
Inuit 25
Interaktion 7, 9, 13–15, 21, 23, 27, 30, 31, 35, 40, 41, 43, 54, 56–58, 63, 64, 72, 75, 76, 86, 91, 92, 96, 97, 101, 103, 105, 107, 121, 122
Interaktionsordnung 116
Inter-Koder-Reliabilität 45
Internet-Clips 39, 40

Kamera 84
  erhöht fixierte 75
  fixierte 89
  subjektive 122
Kamerahandlung 13, 14, 38, 40, 41, 48, 53, 60, 89
Kameraperspektive .. 76, 89
Kategorisierung 80
Kinematograph 24

135

Sachregister

Kineme 23
Kinemorphe 24
Kinesik 20, 23, 50
Kodierschema 44
Kodierung 87
kommunikative
  Intention 91
kommunikatives
  Handeln 8
Konservierung 33
  registrierende 32
  rekonstruktive 32
Konstruktionen
  erster Ordnung 16
  zweiter Ordnung ... 16
Konsumforschung .. 120
Kontext 22
Kontextanalyse ... 20, 21
Konversationsanalyse. 9, 15, 28, 32, 53, 54, 55–57, 72, 82, 84, 87, 107, 114
Körperpositionierung 115
Korpus 85

Lebensstilforschung 120
Linguistik 21, 23, 28, 59, 102
Logbuch 77, 78, 80

Marktforschung 21, 45, 75, 120, 121
Methodenmix 122
Migrationsmilieu 119
mimetisch 34
Mimik 12, 13, 24, 31, 59, 88, 91, 108
Modalitäten 15, 18, 24, 28, 32, 102, 107, 114

Museumsforschung 117

Nachbearbeitung 40
natural history
  approach 22
Naturalismus 110
Natürlichkeit 36, 44
Notizen,
  analytische 103

Orchestrierung ... 18, 32

Partitur 102
Pentekostalismus 120
Permanenz 33
Perspektivität 27
Pictorial Turn 9
Powerpointpräsentationen 117
Prosodie 24, 31, 59
Proxemik 20, 21, 72
Publikationen
  visuelle 111

Reaktanz 13, 36
Realismus 36
recipiency 57
Reflexivität 26, 27, 55, 60, 86, 90, 92
Relevanzen 86
Religionsforschung 119
Repräsentationskrise . 26
Rezipientendesigns ... 36
Ritualanalysen 119

Sampling 17, 63, 71, 77, 79, 86
Science and Technology Studies 118
Sehgemeinschaften ... 40

Sequenzialität 6, 33, 59, 60, 85, 87, 91, 95, 102, 107, 115
Simultaneität ... 87, 115
Skizzen 108
Slow Motion 33
soziale Bewegungen 119
Standbilder 108

tacit knowledge 16
Technikforschung .. 117
Transkripte 101, 107
Transkription 6, 8, 17, 63, 80, 81, 82, 83, 87, 94, 95, 101–103, 105, 107, 111, 125, 126, 128, 129
Transkriptionssystem 28, 55, 84, 132
Triangulation 122
turn taking 15
Typisierungen 123

Usability-
  Forschung 117

vernacular video
  analysis 9, 48, 120, 121
Verstehen 87
Videohermeneutik 118
Videointeraktionsanalyse 3, 7, 8, 14, 15, 39, 41, 42, 48, 60, 61, 65, 72, 79, 85, 86, 87, 89, 96, 103, 121
Video-Revolution 31
Videoregistierung 22

Sachregister

Videos, auto-ethno-
  graphische 41
Videos annotieren .. 110
Videofahrrad 23
Visionen 120
Visual History
  Archive 120
visuelle Ethno-
  graphie 117

Wechselwirkungen 7, 41
Wissenschafts-
  forschung 117
Wissens-
  gesellschaft 117
Work-Interaktion, and
  Technology Research
  Group 75

Workplace Studies...30, 57, 118
Writing-Culture-
  Debatte 106

Yanomami 25
YouTube Clips 42

Zeitlupe 23, 26, 34, 109

137

Personenregister

Amann, Klaus 71
Anderson, Robin 26
Argyle, Michael 21
Asch, Timothy 25
Aufschnaiter,
    Stefan 119

Baer, Alejandro .. 7, 120
Banks, Marcus 106
Bateson, Gregory 22
Berger, Peter 14
Berger, Peter L. 15, 115
Bergmann, Jörg 32, 58, 119
Birdwhistell, Ray L.. 21, 22, 23, 24
Birkner, Karin 115
Blanc, Maurice 28
Boehm, Gottfried 9
Bohnsack, Ralf 49, 50, 59, 119
Breidenstein, Georg .. 65
Bryan, Ford R. 20
Büscher, Monika .. 9, 73

Casey, Neil 13, 132
Chagnon, Napoleon. 25
Conolly, Bob 26
Corbin, Juliet 78
Corsten, Michael 119

Danehy, John J. 22
Darwin, Charles 19
Dinkelacker, Jörg 10, 119

Dittmar, Norbert 84
Durkheim, Emile ... 115

Echtler, Magnus 120
Ekman, Paul 23, 24, 28
Emmison, Michael J. 26
Englert, Corinna 13, 29, 42, 47, 52, 53, 73
Erickson, Frederick ... 29

Fernández, Clea 45
Ferrándiz Martín,
    Francisco 120
Flaherty, Robert 25
Ford, Henry 20
Friesen, Wallace 28
Fromm-Reichmann,
    Frieda 22

Garfinkel, Harold 15
Geertz, Clifford 106
Girtler, Roland 11
Goffman, Erving 15, 21, 55, 56, 72, 116
Goguen, Peter 9
Goodwin, Charles ... 29, 58, 118
Goodwin, Marjorie .. 58, 118
Grice, Herbert Paul .. 91
Grimhaw, Allen D. .. 33
Gross, Peter 28
Gsell, Arnold 20
Günthner, Susanne 116

Haddon,
    Alfred Cort 20, 25
Hall, Edward T.. 21, 24
Hammersley, Martin 13
Hartung, Martin 84
Have, Paul ten ... 58, 84
Heath, Christian 9, 14, 29, 30, 33, 46, 56–58, 69, 72, 77, 91, 93, 102, 107, 109, 112, 117, 118
Heinze, Karsten 28
Henderson, Austin ... 30
Herrle, Matthias 10, 119
Hindmarsh, Jon 69, 96, 102, 112, 123
Hirschauer, Stefan 65
Hitzler, Ronald 88
Hockett, Charles F. .. 22
Holliday, Ruth 27
Honer, Anne 11
Hutchby, Ian 13

Jefferson, Gail 15
Jordan, Brigitte 30

Kallmeyer, Werner .. 73, 115
Katz, Jack 114
Kelly, Francis 27
Kelly, Grace 32
Kendon, Adam 21
Kissmann, Ulrike
    Tikvah 118

139

Personenregister

Knoblauch, Hubert...7, 8, 10, 14, 30, 31, 48, 57, 59, 64, 65, 76, 80, 91, 96, 107, 115, 116, 117, 118, 119, 122
Koch, Sabine......45, 84
Körschen, Marc........84
Kress, Gunter..........59
Krusche, Martin.........7

Lacoste, Michèle.......30
Lewin, Kurt.............20
Lindner, Rolf...........11
Loer, Thomas...........48
Lomax, Helen..........13
Luckmann, Thomas 14, 15, 28, 102, 115, 119
Luff, Paul.....14, 33, 46, 56, 57, 69, 73, 77, 102, 107, 112, 118
Lumière, Gebrüder...24

Maiwald, Kai Olaf....59
Malinowski, Bronislaw..............25
Marks, Dan..............25
Mayo, Elton.............38
Mead, George Herbert....................7
Mead, Margaret.......22
Meier, Christoph....118
Meyer, Birgit..........120
Meyer, Christian....121
Michaels, Eric..........27
Mitchel, William........9
Mohn, Bina E....27, 39, 73, 122
Mondada, Lorenza..59, 114
Moritz, Christine.....59, 84

Morphy, Howard...106
Muntanyola, Dafne..................118
Muybridge, Eadweard........19, 20

Nagel, Christoph........7

Oevermann, Ulrich..51

Park, Robert E..........11
Peräkylä, Anssi.........58
Pernack, Roman.....111
Petschke, Sabine......81, 120
Pink, Sarah...............27
Pittenger, Robert E....22
Plowman, Lydia.....109

Raab, Jürgen............27, 40, 52, 102, 118, 121
Rabl, Marlen..............7
Rammert, Werner.....9, 118
Rebstein, Bernd..........7
Regnault, Félix-Louis......20, 25
Reichert, Ramón 19, 47
Reichertz, Jo...........11, 13, 42, 47, 52, 53
Roethlisberger, Fritz.38
Rosenthal, Gabriele 118
Ruby, Jay..................26

Sacks, Harvey..........15, 56, 80
Scheflen, Albert........21
Scheflen, Max...........14
Schegloff, Emmanuel.... 15, 80, 83, 92
Schindler, Larissa....121

Schmid, Sigrid........120
Schubert, Cornelius.73, 77, 117
Schultz, Jeffrey..........29
Schütz, Alfred..........14, 16, 87
Schwab, Götz...........84
Schwartzman, Helen B.................38
Secrist, Cory.............31
Seidel, Tina.............45
Sellen, Abigail..........33
Selting, Margret.......56, 82, 84
Silverman, David........8
Simmel, Georg.......7, 8
Singh, Ajit..............121
Skladanowsky, Gebrüder..............25
Smith, Phillip D.......26
Soeffner, Hans-Georg... .... 51, 52, 118, 119
Speer, Susan A.........13
Stephen, Christine..109
Stetter, Manuel..........7
Stigler, James W.......45
Strauss, Anselm . 71, 78
Streek, Jürgen .. 72, 115
Strübing, Jörg..........78
Stukenbrock, Anja..115
Suchman, Lucy........30

Tänzler, Dirk. 102, 118
Taylor, Frederick W. 20
Thiel, Thomas..........20
Traue, Boris....... 41, 52
Trigg, Randall H. 30
Tuma, René 7, 9, 17, 31, 48, 96, 112, 115, 120, 121
Tutt, Dylan...............96

140

Ukah, Asonzeh....... 120

Vollmer, Theresa........ 7
vom Lehn, Dirk........ 7, 15, 75, 118
von Wedelstaedt, Ulrich................. 121

Wagner-Willi, Monika 14, 49, 50, 119
Walter-Busch, Emil..38
Weber, Max ...7, 8, 115
Welzel, Manuela.....119
Wernet, Andreas.......51

Whyte, William F. ...11
Wilke, René................7
Witte, Nicole..........118

Zawadzki, Martin...111
Zielinski, Siegfried....47
Zumbach, Jörg.. 45, 84

Neue Perspektiven zur Sozialstrukturanalyse

> Sozialstrukturanalyse – Grundlagen und Modelle

Christoph Weischer
Sozialstrukturanalyse
Grundlagen und Modelle
2011. 505 S. mit 199 Abb. Br.
EUR 24,95
ISBN 978-3-531-17748-9

In dieser Einführung in die Sozialstrukturanalyse wird zum einen grundlegend nach den Ursachen sozialer Differenzierung und nach der relativen Stabilität von Ungleichheitsstrukturen gefragt. Hierzu wird das Zusammenspiel verschiedener differenzierungsrelevanter Arenen (gesellschaftliche Produktion, Sozialstaat, private Haushalte) in theoretischer wie empirischer Perspektive analysiert. Zudem werden wesentliche Institutionen dargestellt, die an der Stabilisierung und Reproduktion ungleicher Lebenslagen beteiligt sind.

Zum anderen werden verschiedene Modelle der klassischen (Klassen- und Schichtkonzepte) und modernen Sozialstrukturanalyse (Milieuanalyse, Intersektionalität, transnationale Analyseansätze, Entstrukturierung) vorgestellt, die sozial differente Lebenslagen entlang verschiedener theoretischer Konzepte mehr oder weniger strukturiert darstellen.

Erhältlich im Buchhandel oder beim Verlag.
Änderungen vorbehalten. Stand: Januar 2012.

Einfach bestellen:
SpringerDE-service@springer.com
tel +49 (0)6221 / 345 – 4301
springer-vs.de

The manufacturer's authorised representative in the EU is Springer Nature Customer Service Centre GmbH, Europaplatz 3, 69115 Heidelberg, Germany. If you have any concerns regarding our products, please contact ProductSafety@springernature.com

Printed and bound by CPI Group (UK) Ltd, Croydon, CR0 4YY
23/03/2026
02076446-0003